図書館情報技術論・改訂版

田中 均

青弓社

図書館情報技術論・改訂版　目次

はじめに 11

第1章　コンピュータとIT機器の基礎　13

1　図書館とコンピュータ　13
2　コンピュータの歴史と発達　15
3　パソコンの登場　18
4　コンピュータの種類　19
5　ソフトウエアとは何か　21

第2章　コンピュータの構成　24

1　コンピュータの構成・構造　24
2　パソコンの内部を構成するパーツ　24
3　周辺機器　30
4　入出力端子（コネクタ）　35

第3章　ネットワークの基礎　38

1　図書館ネットワーク 38
2　Wi-Fiと無線LAN 41
3　クラウドコンピューティング 42

第4章　インターネットの基礎　45

1　インターネットの概要と歴史 45
2　インターネットの技術 46
3　代表的なサービス（ウェブ、CMS、SNS） 47
4　ネットワーク系情報活用のために留意すべきこと 52
5　サーチエンジンとSEO 53
6　データベースとは何か 54

第5章　図書館システム　56

1　蔵書目録データベースの構築 56

2　ICタグと蔵書点検　58
3　OPAC　59
4　図書館システムの導入の実際　62
5　クラウド型図書館システム　65

第6章　業務システムと連動するその他の機器　68

1　入退館管理システム、自動貸出・返却機、読書通帳機　68
2　バーコードタグとRFID　71
3　自動仕分け機、自動書庫、集密書架　73
4　座席・パソコン端末予約システム、パソコンシェアロッカー、無人図書館　76

第7章　各種メディアの特徴と保存　80

1　メディアの劣化と陳腐化　80
2　旧式化したアナログメディア　81
3　現行のアナログメディア　85
4　旧式化したデジタルメディア　87

5 現行のデジタルメディア 89

第8章 デジタルアーカイブの構築と電子資料の利用 91

1 デジタルアーカイブとは何か 91
2 デジタルアーカイブの最近の動向 93
3 学術機関リポジトリ 96
4 デジタルアーカイブ化の手法と機材 97
5 電子書籍 99
6 電子ペーパー 103

第9章 図書館の広報活動と情報発信の基礎 106

1 図書館のウェブサイト構築の事情 106
2 広報の理解 108
3 ウェブとSNSによる広報の特質 110
4 ウェブユニバーサルデザイン 111
5 ウェブサイトの評価(効果測定) 115
6 SNSとハブユーザー 118

第10章　情報技術と利用者サービス　120

1　デジタルレファレンスサービス　120
2　SDIサービス　121
3　メールマガジンの活用　122
4　デジタルサイネージ　123
5　eラーニング　124
6　ムーク　125

第11章　知的財産権と著作権　127

1　知的財産権と著作権　127
2　著作権と著作者　129
3　著作者人格権と著作財産権　131
4　著作隣接権　132
5　著作物の利用　133
6　著作権の制限と図書館　134

7 図書館など公衆送信サービスと
著作権2021年改正 136
8 著作権関係団体について 138

第12章 情報セキュリティーとシステムの保守 140

1 情報セキュリティーの基礎 140
2 マルウエアの種類 142
3 図書館での情報セキュリティー対策 144
4 サーバー・ネットワークレベルの
情報セキュリティー 147
5 組織と個人の情報セキュリティーポリシー 147
6 メディアと情報機器の安定した運用のために 148
7 サーバーマシンの管理 151
8 その他の管理 153

第13章 新しいIT技術と図書館 157

1 Society 5.0 157
2 ビッグデータとメタバース 161

3 急速に発展するAI 163

第14章　学校図書館と情報技術　168

1 学校図書館の図書館システムの現状 168
2 学校図書館システムの導入 173
3 学校図書館とネットワーク 175

著作権関係団体について 179

参考文献一覧 182

装丁──山田信也［ヤマダデザイン室］

はじめに

　本書初版(『図書館情報技術論』青弓社、2019年)の「はじめに」でSociety 5.0に言及し、「遠い未来のことはわからないが、少なくとも高度情報化社会の大きな変化が、いよいよ現実のものとして結実し始めたことを予感させる」と述べた。

　今回の改訂版の出版までの間に、生成型AIの先頭を走るOpenAIが公開したChatGPTは、業界だけでなく社会全体に衝撃と変化をもたらし、2023年を生成型AI元年と呼ぶほど大きなインパクトを与えた。

　それは、ビジネス界や教育の現場にも大きな影響を与えた。教員たちは「夏休みの読書感想文の宿題は意味がなくなるのでは?」「従来の課題はもう通用しない?」などと混乱に直面し、「コロナ禍のオンライン授業対応がようやく一段落したばかりなのに」と頭を抱えていた。2023年7月に文部科学省が「初等中等教育段階における生成AIの利用に関する暫定的なガイドライン」を公表したころから、教育界はようやく落ち着いて対応策に取り組み始めたように思える。

　多くの図書館では2023年の夏まで、「大騒動が起こっているのはわかるのだが、図書館にどのように波及してくるのかがわからない」という反応だった。秋ごろになって各企業から生成型AIを取り入れた開発中のシステムの紹介が始まり、ようやく具体的なイメージができるようになりはじめた。

　2024年6月に、ライオンとNTTデータのプレスリリースで「国内熟練技術者(以下、「熟練者」)の暗黙知となっている技術や知識・ノウハウを、生成AIを用いて形式知化する取り組みを6月から開始します」という情報が流れた。

　熟練技術者が「暗黙知」として継承してきた「勘」を、工夫を凝らしてドキュメント化して次の世代に伝える取り組みである。これは現代社会の問題、特に若者世代の減少や労働人口の減少という課題に対応し、将来的にはロボット化につながる試みである。

図書館にとっても、これまでとらえられていなかった知見を印刷物やデジタルデータとして保存することになり、文献の増加につながる。同様の事例は次々と開発されるだろう。生成型AIは図書館サービスや利用者の学習パターンに変化をもたらすと同時に、我々が取り扱う情報や資料の増大という効果をもたらしてくれるのかもしれない。

　現代は、間違いなくパラダイムシフトの時代である。図書館もその姿を変えていくことになるだろう。その変革を我々図書館職員が率先して進めていかなければならない。

　　2024年6月23日　　　　　　　　　　　　　　　　　　　　　　田中 均

注

（1）文部科学省初等中等教育局「初等中等教育段階における生成AIの利用に関する暫定的なガイドライン」（https://www.mext.go.jp/content/20230710-mxt_shuukyo02-000030823_003.pdf）［2024年6月16日アクセス］

（2）ライオン株式会社／株式会社NTTデータ「国内熟練技術者の技術継承に向け、生成AIを活用した暗黙知伝承に関する取り組みを開始」2024年6月3日（https://doc.lion.co.jp/uploads/tmg_block_page_image/file/9885/20240603_02.pdf）［2024年6月23日アクセス］

第1章　コンピュータとIT機器の基礎

1　図書館とコンピュータ

閲覧室のコンピュータ

　現在の図書館を見渡すと、あらゆるところでコンピュータが活躍している。
　利用者用カウンターでは、貸出や返却が図書館システムを使っておこなわれ、予約や貸出期間の延長、新規利用者の登録などの手続きも同様である。当然、レファレンスサービスにも使用される。
　閲覧コーナーにはインターネットやデータベース、オンラインジャーナル用の端末が置いてあり、電子書籍やデジタルアーカイブの閲覧もできる。入退館や未手続きの資料の無断持ち出しチェックもコンピュータシステムが管理している。入り口近辺や館内の壁にはデジタルサイネージの液晶ディスプレイがあり、様々な情報やニュースを流している。大学図書館のアクティブラーニングコーナーやグループ学習室、会議室には有線・無線のネットワークを完備し、プロジェクターや電子黒板を備えている。

事務用のコンピュータ

　事務室内では、一般の企業と同じように業務で必要な書類のほとんどをWordやExcelで作成している。また、多くの図書館では資料の選書・発注をオンラインでおこなっている。資料の到着（受け入れ）後は図書台帳（またはそれに代わるもの）への記入、分類記号の付与、目録への記入、所在ラ

ベル（館によってはバーコードラベルも）の印刷はもちろん、広報活動用のポスターや配布物もパソコンで作り、ウェブサイトに記事を載せ、SNS（Social Networking Service）でも発信する。目録や分類の作業をインターネット経由で分担しておこなっている図書館も多い。これらの業務を遂行するために図書館職員の人数と同じ、あるいはそれを超える台数の各種コンピュータがはたらいている。

メディアとコンピュータ

　クラウドシステムの導入に伴って減少傾向にあるが、館内のサーバー室（Server Room）には図書館システムなどが稼働している大型コンピュータがある。

　また、マイクロフィルムを利用するためのリーダーもデジタル化している。マイクロフィルムはアナログ資料だが、近年のリーダーの仕組みは、昔のレンズと反射板、ハロゲン電灯で構成されていた投影機構がデジタルカメラとディスプレイに取って代わられている。外観は旧式と同じようにみえる機種でも、中身はコンピュータそのものである。

　図書館資料は図書館メディアと呼ばれるようになり、従来の資料に電子書籍、オンラインジャーナル、オンラインデータベースなどが加わった。貴重な資料のデジタル化が進み、図書館はデジタルアーカイブの構築を進めている。

　そのすべてが、原則としてOPAC（Online Public Access Catalog）で検索できるようになっている。そのため館内に据え置き型のデスクトップパソコンやノートパソコン、タブレットを用意している。個人の端末を持ち込んでもいいし、端末の貸出もおこなっている。なお最近では、端末はWi-Fiに接続して無線ネットワーク経由でインターネットを利用できる。

　近い将来にはAIに支援されたロボットが排架を手伝い、対話機能をもつ生成型AIが利用の案内や資料の相談をおこなうことが普通になるだろう。

　本章では、図書館の重要な位置を占めることになったコンピュータについて必要な知識を身につける。

2　コンピュータの歴史と発達

コンピュータとは何か

　コンピュータ（Computer）とは、あらかじめ設定された手順（コンピュータプログラム、Computer Program）に従って自動で計算をおこなう機械をいう。現在のコンピュータの先祖にあたる機械式計算機はまさに計算しかできず、様々な情報処理をこなす今日的なコンピュータの登場に伴って姿を消していった。電子式汎用計算機はプログラム内蔵方式（ノイマン型）と呼ばれ、メモリに記憶したプログラム（計算手順）によって計算をおこなう。

　パーソナルコンピュータやタブレットだけではなく、我々にとって身近なスマートフォンも同様のアーキテクチャで構成されている。これらは、すべて汎用コンピュータに属する。これに対して、冷蔵庫、炊飯器、洗濯機をはじめとした様々な家電製品や自動車など、社会のあらゆるところにワンチップマイクロコンピュータ（One-chip Microcomputer）といわれる組み込み式のものが使用されているが、本書では、汎用コンピュータだけをコンピュータとして取り上げる。

　なお、コンピュータは日本語では電子式汎用計算機と呼ばれ、「電算機」「電算」と略される。パソコン（PC）と誤用されることも多い。企業や組織では部署名や室名（例：電算機室）、業務名（例：電算業務）、公文書（例：新宿区電子計算組織管理運営規程）などで日本語が用いられている。ほかにも「人工頭脳」や「電子頭脳」、アジア諸国では「電脳」と呼ばれ、日本の秋葉原のようなコンピュータ関連企業や専門店が集まった街は「電脳街」と呼ばれている。

コンピュータの歴史

　実用的な最初のコンピュータは1946年に開発されたエニアック（ENIAC）で、アメリカ陸軍によって大砲の弾道計算のために作られた。それまでの歯車式計算機やリレー式計算機などのアナログコンピュータに比べて約1,000

倍の計算能力をもつといわれていた。ただし、内部には壊れやすい真空管が1万7,468本も使われていて、一日あたり数本が故障するような、現在とは比べものにならないほどに低い信頼性しかもっていなかった。真空管はもろく寿命が短いという性質があり、現代の製品でも数千時間しかもたないといわれている。膨大な真空管のなかから故障した1本を探し出して交換する作業は約30分かかり、それが一日に何度も起こるのだからシステムの維持にかかる手間とコストは大変なものだっただろう。また、真空管は構造上発熱を伴うためにシステムを冷やす強力な冷却装置を必要とし、当時のコンピュータは高価できわめて大がかりなものだった。

エニアックは計算手順を歯車などの機械的な構造に頼っていたために、それを簡単に交換することができず、同じ作業しかできなかった。この計算手順＝プログラムをメモリにもたせることで簡単に書き換えできるようにしたノイマン型コンピュータへ進化したことによって、汎用コンピュータの普及が始まる。

ハードウエア（Hardware）として、真空管の第1世代、トランジスタ（Transistor）を用いた第2世代、複数のトランジスタを1つのチップに詰め込んだ集積回路（IC：Integrated Circuit）を用いた第3世代、さらに超大規模集積回路（VLSI：Very Large Scale Integration）を用いた第4世代が出現した。そしてこれらの回路を1つのパーツに集約したものが、マイクロプロセッサー（Microprocessor）やSOC（System On Chip）など、現在の技術へとつながっている。

技術の進歩とともに回路が微細化し、省電力で高速に動作するものが製品化されている。それらのコンピュータ応用製品には、携帯電話やスマートフォン、タブレット端末のようにエンドユーザーからコンピュータの一種として認識されている製品のほかに、各種の通信機器、ビデオレコーダ、デジタルテレビ、デジタルカメラ、ゲーム機、自動車、多くの家電製品や産業機械などが含まれる。これらは組み込みシステムと呼ばれるが、その数は我々が一般にコンピュータとして認識しているよりもはるかに多くなっている。

コンピュータで使われる単位

コンピュータで容量を表す単位として用いられるものにビット（Bit）とバイト（Byte）がある。コンピュータは、オンとオフ、0と1のような二進法で動作していて、最小の単位をビットという。このビットは単位が細かすぎて桁数が大きくなって取り扱いづらいため、よりまとまった単位としてバイトが広く使われている。8桁のビットを1つの単位としているのがバイトであり、256個の状態を表現できる。ちなみに、8というのはキリが悪い数字に思えるが、アルファベット一文字を表すのに使いやすい桁数だったという理由かららしい。省略形としてビットは小文字のb、バイトは大文字のBを用いる。1,000倍ごとにK（キロ）、M（メガ）、G（ギガ）、T（テラ）、P（ペタ）、E（エクサ）、Z（ゼタ）の符号を用いる。現在、スーパーコンピュータでは単位としてPを用いていて、2012年に登場した理化学研究所計算科学研究機構のスーパーコンピュータ京（K Computer）は、10PFLOPS（FLOPSは浮動小数点数演算を1秒間におこなう処理能力）の能力があることから「京」と命名された。

1KByte ＝ 1,024Byte
1MByte ＝ 1,024KByte ＝ 102万4,000Byte
1GByte ＝ 1,024MByte ＝ 102万4,000KByte ＝ 10億2,400万 Byte
1TByte ＝ 1,024GByte ＝ 102万4,000MByte ＝ 10億2,400万 KByte ＝ 1兆240億 Byte

1,000倍ごとに換算するのであれば、1MByteは1,000KByteになるはずだが、上記のように1,024KByteと表現される。これはコンピュータが0と1だけを用いる二進法で処理しているため、1,024という数値のほうが適しているからである。

通信速度を表す単位にはBytes/s（バイト毎秒）があるが、インターネットが高速化したためGBytes/s（ギガバイト毎秒）のほうをよく耳にする。1GBytesは10億2,400万 Bytesになる。最近のハードディスクの記憶容量は6TBytesから8TBytesがメインストリームだが、1TBytesは1兆240億 Bytesにあたる。

CPUの能力を表す単位として、GHz（GigaHertz ギガヘルツ）・MHz（MegaHertz メガヘルツ）がある。CPUが命令や計算などを1秒間にどの程度実行できるかを表している。数字が大きいほどCPUの処理能力が高い。

3　パソコンの登場

パソコン登場以前

　パーソナルコンピュータ（Personal Computer）とは個人用途のコンピュータである。パソコンまたはPCと略称され、タブレットパソコン（Tablet PC）と並んで最も身近なコンピュータである。

　1970年ごろまでのコンピュータは規模が大きく、専用の様々な周辺機器や安定した電源など特別に用意された環境が必要な専門性が高い機材だった。導入と維持に高額のコストがかかったため、大企業や大学、研究所、政府組織、軍事組織などで多人数が共有して使用するものであり、個人が気軽に使えるものではなかった。

　情報のやりとりは穿孔（パンチ）カード、穿孔テープ、磁気テープにプログラムやデータを記録しておき、これをコンピュータに読み込ませて計算をおこなった。これらはコンピュータ出現以前に大量の事務処理に利用されていた方法を引き継ぐものだった。穿孔カードやテープは、カードに穿孔機で穴をあけて情報（プログラムやデータ）を記録したアナログ方式の記憶媒体であり、よく利用された80欄のカードは約190×83ミリの長形4号封筒程度の大きさであり、穴を黒く塗りつぶして使用することもできた。現在のマークシートカードの祖先である。

　計算結果はディスプレイに表示するか、連続用紙（ファンフォールド紙）に印刷するか、または、磁気テープで受け取る。

パソコンとは何か

　これに対してパソコンは、その名が表すように個人が所有して使用するものである。この考え方を提唱したのは、パソコンの父と呼ばれるアメリカの

コンピュータ学者アラン・カーティス・ケイ（Alan Curtis Kay）である。

　現在のパソコンにつながる最初のマシンは Xerox 社パロアルト研究所のアランらが1973年ごろに試作した Alto といわれている。77年にはスティーブ・ジョブズらが設立した Apple Computer 社が個人向けのパソコンとして「Apple II」を発売し、爆発的なヒット商品になった。「Apple II」の売れ行きに驚いた大型コンピュータの巨人 IBM 社は、それまでの方針を変更してパーソナルコンピュータ市場に乗り出し、81年にビジネス向けに「IBM PC」を発売して市場を席巻する勢いをみせた。IBM がパソコン市場に乗り出したことは、パソコンの将来性に安心感を与え、市場そのものが急速に拡大していき本格的なパソコン時代を迎えることになる。

　1980年代後半の Windows の登場まで「IBM PC」や互換機の OS（Operating System）には、Microsoft 社の MS-DOS が採用されていた。そのあとに出現した後継 OS の Windows は2010年代前半ごろにデスクトップパソコン市場で、90％を超えるシェアを得ていた。現在でも Microsoft 社の Windows と Apple Computer 社の Mac OS がパソコン用 OS の双璧をなす。そのほかに UNIX 互換の PC UNIX 系（BSD 系 OS や Linux など）、Android、Android 亜種の Google Chrome OS などがある。Android はスマートフォンやタブレットの OS として広範囲に用いられている。

4　コンピュータの種類

機能からみた種別

　コンピュータは、大きく分類すると、汎用の大型のメインフレーム、ワークステーション、前述したパーソナルコンピュータや流行のスマートフォン（Smartphone）やタブレット（Tablet）などがある。

　メインフレームは最も古くからある機種で、1台の大型コンピュータに複数の端末を接続した構成で用いられてきた大規模な製品である。1990年代にダウンサイジングと呼ばれる小型機への移行があったためにやや衰退したが、現在でも政府組織や企業など大規模な組織での基幹業務処理に用いられ

ている。
　ワークステーションとは、プログラム開発やDTP（DeskTop Publishing）、CGによる動画・画像作成など高負荷な作業に用いられてきた中型のコンピュータだが、現在では高性能化したパーソナルコンピュータにその座を明け渡しつつあり、主に高度な計算が必要なエンジニアリング、デザイン、医療、金融、ディープラーニング、VR／MRなどの分野で用いられている。
　パーソナルコンピュータはデスクトップ型、ノート型、スティック型などに分けることができる。このほかに、ラップトップ型と呼ばれるデスクトップ型とノート型の中間のような性格のものもある。ラップトップはかなり大きなノートパソコンと考えればよく、持ち運ぶことが可能なため海外ではノートパソコンのカテゴリーに入っている。
　タブレットパソコンなどの携帯情報端末も、ほぼパソコンと同じような構成をもちながらも、各パーツを集約することで機能や性能、用途を限定して使われる。今後もその数を増やしていくことが予想されるため、図書館で積極的に対応する必要がある。
　厳密な定義ではないが、画面サイズが8インチ（約20センチ）程度までをタブレットパソコンと呼ぶ。7インチ（約18センチ）以下のサイズで携帯情報端末として広く使われているのがスマートフォンである。国内では2008年に発売されたiPhoneから急速に広まり、図書館のほとんどの利用者がスマートフォンを所持しているため、情報提供の際にはスマートフォンへの考慮が必要である。
　今後は、ウエアラブルコンピュータの利用が増えると思われる。軽量小型で衣服のように身につけられるという意味でこの名称が付けられ、時計型、眼鏡型はすでに商品化されている。単体で使用するタイプのほかにスマートフォンなどの外部端末としての位置づけのものもある。使用していることがわからない程度にまで小型化が進むと、プライバシーの保護や著作権の保護の問題が考えられ、今後の課題として挙げることができる。

サイズからみた種別

　パーソナルコンピュータをサイズからみた種別で考えると、据え置き型の

デスクトップパソコンと持ち運べるモバイルパソコン（ノートパソコンやタブレットパソコン）に分けることができる。

総務省の「通信利用動向調査 令和5年調査」[1]によると、「世帯の主な情報通信機器の保有状況について、スマートフォンの割合が90.6%となり、引き続き増加傾向だが、それ以外の情報通信機器の保有状況は、概ね減少傾向となっている」。インターネットの端末別利用状況を詳細に確認すると、スマートフォンが72.9%、パソコンが47.4%、タブレット型端末が25.5%（重複利用あり）となっている。このように個人利用のパソコン市場の縮小が予想され、近い将来には企業の事務室や大学・学校のコンピュータ教室などで限られた用途で使われることになるかもしれない。

図書館とモバイルパソコン

価格や耐用年数、盗難の可能性などを考慮して、これまで図書館ではデスクトップパソコンを導入することが多かった。しかし、現在ではノートパソコンをはじめとするモバイルパソコンの導入例が増えてきている。図書館にモバイルパソコンを導入する場合には、落下などによる故障や盗難に備えて、保険に入るなどの十分な対策が必要になる。特に液晶画面部分の故障は費用が高額であり、あらかじめ保護フィルムを貼るなどしておくといいだろう。また、館内無線LANの整備とセキュリティーの確保にも努めたい。バッテリーの充電について、どのタイミングで充電するのか、あるいはACアダプターでの利用を前提とするか、充電可能なパソコンロッカーを導入するのかなど、事前に検討しておく必要がある。

5　ソフトウエアとは何か

ソフトウエアとハードウエア

これまでパソコンの構成要素のうちハードウエア、つまりコンピュータや周辺機器など物理的な実体が存在するものについて説明してきた。具体的には、回路や装置、機器、設備などである。ここでは、ハードウエアと対にな

るソフトウエア（Software）について解説しよう。

　ソフトウエアとは、物理的実体がない手順（プログラム）や命令（コマンド）、数値の集合（データ）を指す用語である。ハードウエアに比べると頻繁に更新されるためにソフト（柔軟）と呼ばれる。

ソフトウエアの種類

　必ずしも明確ではないが、一般的に基本ソフトウエア（System Software）とアプリケーションソフトウエア（Application Software）に大別される。

　基本ソフトウエアにはOSやBIOS（Basic Input Output System）があり、コンピュータの各部品を管理して周辺機器を制御したり、各ソフトウエアの起動やデータを管理したりする。

　一方、アプリケーションソフトウエアは、ワープロや表計算ソフトなど具体的な作業（例えば文書作成や数値計算など）を担当する我々図書館職員にとって身近なソフトウエアである。

機械語と高級言語、BIOS

　機械語（Machine Code）またはマシン語（Machine Language）とは、ハードウエアが直接理解でき実行可能な一連の命令群を指す。具体的にいうと、「0と1を大量に並べて書いてあるもの」である。しかし、これは人間が使う自然語から程遠く理解しづらいため、中間にあたるプログラミング言語を用いて、アプリケーションソフトウエアなどのプログラムを作るようになった。プログラミング言語は、人間がコンピュータに命令を指示するために作られた形式言語で高級言語とも呼ばれる。最も初期的なアセンブリ言語から徐々に発達し、現在ではC言語、C++、Python、Swift、Java、JavaScriptなど様々な種類の言語が使われている。

　BIOSとはマザーボード上のROM（Read Only Memory）に保存されている、ハードウエアの近くに位置するプログラムであり、HDDやSSDに保存されているOSよりも先に起動して、各パーツを直接管理・制御する。ROMに記録されているため、一定の手順を踏まないと書き換えが困難である。バージョンアップの必要はめったにない。一部のマルウエア

(Malware)⁽²⁾は BIOS に感染することがあり、その駆除が難しいことがある。BIOS の設定画面の呼び出し方法はメーカーによって異なるが、多くの場合は F2 や Delete（Del）など特定のキーを押しながら電源スイッチを入れることで起動する。近年では、従来の BIOS を進化させた UEFI（Unified Extensible Firmware Interface）が主流であり、セキュアブートなどセキュリティー機能を強化している。

注

(1) 総務省「通信利用動向調査 令和5年調査」2024年6月7日（〔https://www.soumu.go.jp/johotsusintokei/statistics/data/240607_1.pdf〕［2024年7月1日アクセス］）を参照。
(2) マルウエアについては第12章第2節「マルウエアの種類」を参照。

第2章　コンピュータの構成

1　コンピュータの構成・構造

コンピュータのパーツ

　コンピュータの内部の構成と各パーツのはたらきを、デスクトップパソコンを例に挙げて説明しよう。パーツの配置と形状は異なるが、デスクトップパソコンとノートパソコンでコンピュータの構成に大きな差はない。

　図1は、デスクトップパソコンの左側パネルを外した内部の各パーツの名称を示したものである。

　デスクトップパソコンのケース（筐体）には、サイズやデザイン、静音性能などの違いによって多くの種類がある。しかし、主要なパーツの配置や寸法などはおおむね標準規格化されている。左右どちらかの側面パネルを取り外すことができ、パーツは差し込み式かネジ止め式で増設や換装、修理などの各種作業を簡単におこなうことができる。

2　パソコンの内部を構成するパーツ

マザーボード（Motherboard）

　パソコンのマザーボードは、パソコンケースの奥に設置されている大きな基板である。別名メインボード（Main Board）ともいう。この基板は様々な

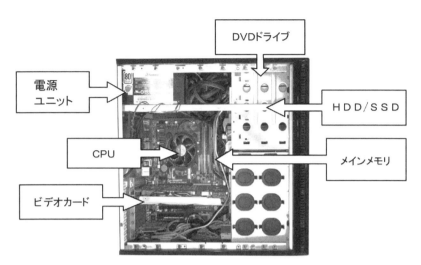

図1　コンピュータの内部構成（筆者作成）

LSI（大規模集積回路）やコンデンサ、ソケットが配置されていて、金色のプリント配線で結ばれた複雑な電子回路基板である。マザーボードは、CPUやメインメモリ、ハードディスク、またはSSDなどのパーツを装着するコネクタが実装されていて、パーツの作動やデータの流れをコントロールしている。具体的には、ハードディスクやSSDなどの入出力装置、ネットワークやUSBインターフェースのほか、グラフィックボードなどの拡張カードに対するデータの読み書きをおこなっている。静電気によるショート防止やさびの発生を防止するために素手で触ることは厳禁であり、専用の静電気防止手袋をして作業することが望ましい。

CPU（Central Processing Unit）

　パソコンの電子頭脳であるCPUは中央処理装置とも呼ばれ、各パーツのコントロールや、データやプログラムの処理を担当している。メモリに記憶されたプログラムを実行し、入力装置や記憶装置からデータを受け取って処理し、結果を出力装置や記憶装置に出力する。人間でいえば頭脳に相当する重要なパーツである。発熱するため、放熱用のヒートシンクやCPUファン

写真1　マザーボード（筆者撮影）

に覆われている。直接見ることは難しいが、マザーボード上の大きめのファンの真下にある。

　パソコン用のCPUは現在、ある意味で性能が上限に達している。これ以上の性能向上の余地がないわけではなく、通常の使用で十分な性能が確保されていて、ほかの低い性能のパーツがボトルネックになってCPUの性能を生かしきれていない。特に図書館のパソコンはそれほど高い性能を必要としていないので、メインストリームの製品で十分だろう。

メインメモリ（Main Memory）

　メインメモリは一次記憶装置とも呼ばれ、パソコンの内部でデータやプログラムを一時的に記憶するパーツである。読み書きが可能なラム（RAM）と、読み出し専用のロム（ROM）に大別される。一般的にメモリというときは、RAMであるメインメモリのことを指す場合が多い。複数の半導体メモリチップを基板に装着して配線してある。コンピュータ内でデータやプログラムを記憶するが、半導体素子を利用して電気的に読み書きをおこなうため、磁気的に読み書きをおこなうハードディスクなどに比べると非常に高速

である。

　このメモリの性能や容量はパソコンの動作速度に大きく影響を及ぼすため、性能を測る際には重視すべきである。特にパソコンを発注するときなどは、用途別にメモリの容量を検討することが望ましい。

写真2　メインメモリ（DIMM）（筆者撮影）

　パソコンで使われるメモリは、デスクトップ用のDIMM、ノートパソコン用のS-DIMMなどの形状による違いや、主に転送速度による規格の違い、記憶できる容量の違いによって、複数の種類に分かれている。マザーボードの種類などによって、対応できるメモリや装着できる総容量が異なる。原則として、同一の端末には同じ種類のメモリを使用する。ただし、容量は異なっていても使用できる場合もある。多くは下位互換性をもつため、新しいマザーボードに古いメモリを利用することは、ソケットの形状が対応していれば可能である。しかし、そのぶん性能は低下するし、経年変化による故障率が増大する。

　装着型のメモリの増設は初心者にも可能で、コンピュータの性能を簡単に向上させることができる。オンボード型の交換はできない。個人的な経験でいえば、事務用途ではメーカー製パソコンの標準搭載量の2倍、CGや動画編集の用途のように大規模なファイルを扱う場合でも4倍あると不足を感じない。必要な容量を見極めることと、形状や規格に様々な種類があるので、システムによる最大搭載量の制限などに注意することが大切である。

ディスクドライブ類

　ディスクドライブ類とは、ハードディスクドライブ（HDD：Hard Disk Drive）やソリッドステートドライブ（SSD：Solid State Drive）、CD/DVDドライブ（CD/DVD Drive）のような外部記憶装置類である。パソコンの形式を問わず、最低1台は内蔵している。外付けの製品は、現状ではUSBケーブルで接続するものが最も多い。外付けタイプには、持ち歩けるポータブルタイプのものもある。

写真3　HDD（筆者撮影）

HDDには、内部にデータを記録するプラッタと呼ばれる磁性体が塗られた円盤が複数枚入っていて、磁気ヘッドで書き込み・読み出しをする仕組みになっている。記憶容量が大きく安価だというメリットがある一方、発熱と消費電力が大きく、重い、モーターの駆動音がうるさいというデメリットがある。

一方、SSDはプラッタの代わりにフラッシュメモリにデータを記憶する。衝撃に強く、発熱、消費電力が少ない、読み書きの速度が非常に速い、作動音がないなどの特徴をもつが、容量あたりの単価が高い。

　これまでデスクトップパソコンやノートパソコンの外部記憶装置としては容量あたりの単価が安いHDDが長く用いられてきたが、SSDの価格が低下するにしたがって徐々に置き換えられつつある。デスクトップパソコンは一部のモデルが、ノートパソコンは全面的にSSDを搭載している。タブレットパソコンでは、SSDの記憶部分にあたるフラッシュメモリが基板に直接搭載されている。そのためタブレットパソコンはメモリの増設や交換が難しい。

　HDDの代わりにSSDを装着して起動ドライブに設定するとOSやアプリケーションの起動が大幅に高速化するが、図書館のデスクトップパソコンではその部分はあまり重視されない。今後は、データの記憶装置として主にネットワーク上のクラウドドライブが用いられるようになるだろう。なお、クラウドドライブ用には、価格と安定性の問題からHDDが主流になると思われる。

電源ユニット（Power Supply Unit）

電源ユニットも、デスクトップパソコンでは必須パーツである。家庭用コンセントから供給される交流（AC：Alternating Current）電流を、パソコンで使用する直流（DC：Direct Current）電流に変換するはたらきをもち、CPU、マザーボード、HDD、SSD、グラフィックボード

写真4　電源ユニット（筆者撮影）

などに合った電圧に調整し、安定して供給する役割ももつ。そのために、パソコン全体の消費電力に見合った過不足がない電源ユニットが必要である。ノートパソコンは直流／交流のアダプターが組み込まれた電源ケーブルを使用することが多く、タブレットパソコンはUSBケーブル経由でバッテリーに充電するため電源ユニットを内蔵していない。

電源ユニットはアナログなパーツで「ゆっくりと性能が低下していく」という特性があり、年数を経るにしたがって変換ロスが増えていき、発熱と消費電力が大きくなっていく。2年から5年ぐらいが標準的な寿命といわれる。寿命は個体差が大きく5年以上もつ場合もあるが、その場合でも効率は低下しているため、消耗品と割り切る姿勢が必要である。何よりも信頼性が重要になるパーツであり、サーバーのように無停止運転を前提としているマシンのユニットでは、電源ユニットを複数搭載するなどして、稼働しながら故障したユニットを交換できるような冗長性を確保する必要がある。なお、IT分野での「冗長性」とは、システムに余裕や重複をもたせトラブル時の対応力を向上させる手法をいい、負荷分散ともいう。

グラフィックボード（Graphics Board）

グラフィックボードは、別名をビデオカード（Video Card）ともいう。パソコンに装着して画面表示機能を追加する拡張カードだが、最近のCPUはグラフィックボードの機能を内蔵していることが多く、ゲーム用パソコンなど以外では見かけなくなりつつある。図書館の利用者向けパソコンには不要と思われる。事務室内でマイクロフィルムやデジタルアーカイブの作成過程

で撮影した画像の確認や加工など、高度な画像処理や動画編集をおこなうパソコンでは必要になることがある。

3　周辺機器

入出力機器(キーボード、マウス、ディスプレイ、デジタルカメラ、スキャナー)

　周辺機器について、昔からコンピュータのプロの間でいわれつづけていることがある。それは「目や手に直接触れる周辺機器に安物を使うな。やがて体を壊すから」である。入出力機器はその代表例である。つまり、入力装置としてのキーボードとマウスであり、出力機器としてのディスプレイである。業務で使うため利用時間が長くなることで、キーボード・マウス症候群、IT眼症ともいわれるVDT症候群のようなIT従事者の職業病にかかる確率が高くなる。

入力装置(キーボード)

　コンピュータの代表的な入力機器の一つであるキーボードは、様々な種類に分けることができる。

①サイズ
　標準的なサイズでデスクトップパソコンに用いられるフルキーボード、ノートパソコンに採用されていることが多いテンキーレスキーボード、小型で持ち運びが可能なミニキーボードや折りたたみ式キーボードなどがある。

②キーピッチ
　キーの横方向の間隔の違いで、18.5ミリから19ミリの標準フルサイズキーボードと、それよりも狭いキーボードがある。間隔が狭いキーボードには15ミリから17ミリのものが多く、モバイルパソコンに採用されている。あまり狭くなると使いづらく、押し間違いが多発する。

③キーストローク
　キーを押した際の縦方向の沈み込みをキーストロークといい、4ミリ前後が一般的である。ノートパソコンなどでは2ミリ以下のものもあるが、きちんと押したかどうか判断しづらく、タイプミスを起こしやすい。

④キーの荷重
　キーを押したときに必要な力を荷重という。軽いと高速で入力ができて疲れもないが、慣れないと誤入力の原因になる。一般的にはある程度の重さがあるほうが押しやすいとされているが、個人の慣れの部分が大きく、使ってみて善し悪しを判断することが必要である。高価なキーボードではキーごと（押す指ごと）に荷重を変えている製品もある。

⑤キー配列
・101／104キーボード
　英語配列の標準キーボードで、直輸入品などでたまに見かける。104はWindowsキー2つとメニューキーを追加している。
・106キーボード
　日本語配列の標準キーボード。101キーボードをベースに、「変換」「無変換」「カタカナ／ひらがな」などのキーを追加している。
・109キーボード
　106キーにWindowsキー2つとメニューキーを追加している。国内で最もよく販売されている。

⑥キーボードの構造（キースイッチ）
・メンブレン式
　安価なキーボードのほとんどに採用されている。キーを押し戻す機構にラバードームの反発を採用していて、柔らかなタッチで中央を正確に押さないと認識があまくなりがちである。また古くなると反発が弱くなり、さらに認識ミスを起こしやすくなる。
・パンタグラフ式

ノートパソコンで採用されている。パンタグラフ状の「支持構造」をもつため、押した感覚が得られ、キートップの端を押しても安定した入力が可能。比較的低価格である。

・メカニカル式

　接点接触型と静電容量無接点型の2形式があるが、接点接触型のほうが主流になっている。内部構造にスプリングをもつため、キーを押しきった感覚を得やすくプロ向きである。高価な製品が多い。

・ギアドライブ式

　四辺に歯車（ギア）を配置しているため、キーのどこを押しても同じ感覚が得られ、押し間違いが少ない。構造が複雑で高価であり、キートップから入り込んだゴミがギアに絡まって故障しやすい欠点がある。

・接続方式

　有線方式はUSB方式である。ケーブルがじゃまに感じることもあるが、パソコン本体につないだだけで使用することができ、接続が安定していて安心して使える。電池切れなどの心配がなく、おおむね低価格である。

　無線方式にはBluetooth、ワイヤレス無線がある。USBレシーバー式と、レシーバー不要で通信できてモバイル対応も多いBluetooth式の2種類がある。価格はBluetoothのほうが高く、電池の消耗もやや多い。ワイヤレス無線（2.4GHz）は、レシーバー（受信機）とセットで使用する。ワイヤレス無線タイプは、ケーブルなしで接続できるため使い勝手がいいが、パソコン本体に専用のレシーバーを取り付けて2.4GHz帯で通信するため、USBポートを1つ占有してしまう。

　このほかに、パームレスト、チルトスタンド、オプションキー、マウスの代わりをするポインティング・スティックやタッチパッドなどの有無によって様々なデザインのキーボードが存在する。

入力装置(スキャナー)

　スキャナーとは、文字や写真、絵などの原稿をデジタルで画像光学的に読み込んでパソコンなどにデジタル信号として取り込む入力装置である。画像

入力装置ともいう。

①オプティカルスキャナー
　原稿をガラス台に置いて読み込むフラットベッドスキャナー。

②シートフィードスキャナー
　原稿を自動で供給してスキャンできるスキャナー。カット紙しか扱えないが、大量の原稿を自動でスキャンする用途に適している。

③スタンドスキャナー
　原稿をデジタルカメラで上から撮影するスキャン方式。平面でも立体でもスキャンできる。書籍などを置く台のオプションは水平だけではなくV字状にもセットでき、折り込み部分のゆがみを防いで資料の傷みを抑えられる。

④ドラムスキャナー
　透明シリンダーに原稿を巻き付けて、一定のスピードで高速に回転させてフォトマルチプライヤーという受光素子で画像データを読み取る。カット紙に向いている。

⑤ハンディスキャナー／ペン型スキャナー
　どちらもモバイル用途である。原稿の上をなぞるようにしてスキャンする、バッテリーを内蔵しているスキャナー。ハンディ型はA4サイズ程度まで、ペン型は行単位でなぞった部分の文字を画像データではなくテキストデータとして保存が可能である。

⑥フィルムスキャナー
　フィルムに光を照射して透過光を読み込むことで写真のスキャンをおこなう。フラットベッドスキャナーなどに比べて、解像度が高い画像を得ることができる。プリントずみの写真を取り込み可能な製品もある。二眼レフカメラなどの中型カメラ用フィルムや大判カメラ用などのマイナーな判型のフィ

ルムを取り扱えるものもある。

⑦バーコードリーダー
　バーコード情報を読み取るバーコードリーダーもスキャナーの一種である。

入力装置（デジタルカメラ）

　正式にはデジタルスチルカメラという。レンズで収束した光をCCDやCMOSなどの撮像素子を使って電気信号に変換し、メモリカードなどに記録する。
　機能的に似たものに動画撮影用のデジタルムービーカメラがあるが、最近の製品はそれぞれが両方の機能を備えていて、どちらの機能を重視しているかによって使い分ける。
　国内ではインターネットの流行と同じ時期の1990年代末からヒット商品が出て、以後広く普及しているが、近年はスマートフォンのカメラ機能に押されている。
　一般的な高級デジタルカメラでは有効画素1,500万画素から2,000万画素のものが多いが、デジタルアーカイブやマイクロフィルム用のデジタルデータなど図書館資料のデジタル化の際には5,000万画素を超える高画素のカメラを用いている。超高精細デジタルアーカイブ撮影では、8,000万画素を超え、赤外線撮影や3D立体撮影が可能なものなどを使用している。

出力装置（ディスプレイ）

　ディスプレイ（Display）は、コンピュータなどが出力した文字や図形などの情報を視覚的に表示する出力装置で、モニター（Monitor）とも呼ばれる。パソコン用のディスプレイは、古くはブラウン管のCRT（Cathode Ray Tube）型が主流だったが、現在では、省スペースで消費電力が少ない液晶ディスプレイが主に用いられている。電気に反応して光る有機物質を利用している有機ELディスプレイは、液晶よりも薄くスマートフォンやタブレット、大型テレビに用いられていて、消費電力や視野角、応答速度などに優れているとされる。

一部の限られた用途にしか用いられていないが、目に優しいデジタルペーパーを採用したディスプレイもある。
　また、近年のスマートフォンやタブレットの普及に伴い、形式を問わずタッチパネル採用のものが増えてきている。

出力装置（プリンター）

　プリンター（Printer）は、印刷という外部出力を担当する周辺機器である。
　印刷方式として、個人や家庭で広く用いられているインクジェットプリンター、団体や企業で用いられるレーザープリンターの2種が代表的なものである。最近では、レーザープリンターのレーザー発生部を発光ダイオードに換えて小型化が可能になったLEDプリンターも登場している。このほかに昇華型プリンターがモバイル用途に利用されている。以前は家庭で主流だった熱転写プリンター、企業で利用されていたドットインパクトプリンターは、最近ではほとんど用いられていない。
　接続方式はUSB接続によるスタンドアローン利用のほか、有線やWi-Fiによるネットワーク共有がある。
　プリンター単独の機種に加えてスキャナー、コピー、FAXなどの機能をもつ多機能の複合機が事務室などで用いられていて、大型では各種サイズの紙をセットできる給紙トレーをもつものもある。複合機のうち、内部の保存用メモリがネットワーク共有を兼ね備えている機種は設定が不良な場合に情報流出事故を引き起こすことがあるため、セキュリティーに関しては一段と厳しく検討しておく必要がある。

4　入出力端子（コネクタ）

映像出力端子

①アナログ接続のVGA端子

　VGA（Video Graphics Array）端子はアナログRGB端子、D-Sub15ピンともいう。アナログ式の映像出力端子で、信号は「デジタル信号―アナログ信

号に変換―デジタル信号に再変換」を経由するため画質が劣化する。最大出力解像度は理論上2,048×1,536であり、古い規格ではあるが汎用性が高い接続規格としてパソコン、ディスプレイ、プロジェクターなどVGAの入出力端子をもっているパソコンや周辺機器はいまだにみられる。

② USB Type-C 端子

　出力側がDisplayPort Alternate Mode（ディスプレイポート　オルタネートモード）に対応しているようであれば、映像を出力することが可能である。USB Type-C(1)を使用するが、製品の組み合わせによっては接続できないこともある。なお、必要に応じてはUSBグラフィックアダプターを使用してUSB Type-A端子による接続をすることもできる。

③ HDMI 端子

　HDMI（High Definition Multimedia Interface）はデジタル出力規格であり、近年最もよく見かける映像出力端子である。テレビ、パソコン、ゲーム機、HDD、デジタルカメラのような多様な機器を接続でき、1本のケーブルで映像・音声・著作権保護の制御信号を転送することができる。モバイル端末では小型化したMini HDMIが多い。コネクタは5種類あり、それに合わせて各種ケーブルが用意されている。ほかの端子と接続するための変換プラグもあるが、正常に作動しないことがある。

映像出力アダプター

① USB ディスプレイアダプター

　USBディスプレイアダプター（USB Display Adapter）は、USB端子とディスプレイをつなぐパーツである。軽量ノートパソコンやタブレットの場合は本体の軽量化のためにディスプレイ端子を備えていないことがあり、そのような場合に使用する。変換先によってVGA、DVI、HDMIの各種類がある。変換のための中間処理にコンピュータ資源を消費するため、画質の劣化やコマ落ち、遅延などが発生することがある。

　図書館の会議室などで、利用者が持ち込んだ薄型ノートパソコンをプロジ

ェクターに接続できずに困っているところを見かけることがある。不特定多数の利用者が多様な環境を持ち込む会場側には、接続の確認がとれた USB ディスプレイアダプターを用意しておくことが重要である。

注

(1) USB インプリメンターズ・フォーラム（USB Implementers Forum：USB-IF）では、正式な表記は USB Type-A、USB Type-C と定められている。正式な文書や報告書、規格書、仕様書などではこちらを用いることが望ましい。一般的な使用であれば、USB-A や USB-C を用いてもいい。

第3章　ネットワークの基礎

1　図書館ネットワーク

用語としてのネットワーク

　ネットワーク（Network）という言葉は必ずしもIT・コンピュータ分野の用語ではない。例えば、『図書館情報学用語辞典 第5版』によると図書館ネットワークとは、「複数の図書館が、資料収集、提供、保存、目録作業といった図書館業務で、共通の目的のもとに相互依存関係をもち結び付いた状態、あるいは結び付いてできた組織。図書館協力の同義語として用いられることも多いが、コンピュータや通信といった技術的要素が図書館間の結び付きの基盤として存在する(1)」と定義している。つまり、様々な図書館や図書館類縁機関などが人材、施設、サービス、そして資料で相互に連携し、協力することである。

　では、IT分野でのネットワークとは何だろう。それは、複数のコンピュータやデバイスを接続して、相互に通信できるようにした状態である。情報（データ）の交換や共有、分散処理をおこない、またプリンターや記憶装置などのリソースやサーバーが提供するサービスを共有する。これをコンピュータネットワークあるいは通信ネットワークという。

LAN（Local Area Network）とWAN（Wide Area Network）

　ネットワークは、大きさによってLANとWANに分けて考えることがで

きる。一般的にLANは同一の敷地内や建物内の狭い範囲のネットワークとされるが、厳密に定義されているわけではなく、時代や用途によって使い方が異なる。一般的に、LANの概念は徐々に広がってきていると理解していい。一方、WANは公衆回線を経由した広範囲のネットワークである。公衆回線を通じて複数のLANを相互に結び、全体として一つの大きなネットワークを構築したもののことを呼ぶ場合もある。インターネットは、複数のLANあるいはWANが相互接続された世界規模のネットワークの一種といえる。中間サイズの中規模ネットワークとしてMAN（Metropolitan Area Network）という用語もあるが、図書館関係で使用することはまれである。

　また、TCP/IPなどのインターネットの技術を用いて、組織内だけで利用するための閉じられたネットワークのことを特にイントラネット（Intranet）と呼んでいる。

　LANの形態には、バス型、スター型、リンク型がある。現在は無線LAN（Wi-Fi）の通信機能として大規模なワイヤレスネットワークや広範なカバレッジが必要な場所に向いているメッシュ型が広く用いられている。

クライアントサーバー（Client Server）

　クライアントサーバーとは、各端末をサーバーとクライアントに役割分担をして運用する仕組みである。

　サーバー（Server）とは、ネットワークでつながったクライアントコンピュータとサーバーコンピュータの間で何らかのデータやサービスを提供する仕組みを指す。クライアントサーバーシステムの場合は、クライアントがサービスを受ける側、サーバーが提供する側になる。用語としてのサーバーは、コンピュータそのものや提供するサービスを指して用いる。主なサーバーとしては、ファイルサーバー、メールサーバー、ウェブサーバーがある。HDDを収納し管理するハードウエアにネットワーク機能を付加したNAS（Network Attached Storage）も、最近の製品は高機能化しているため小型のファイルサーバーといえる。

　最近では、ピア・ツー・ピア（Peer to Peer、略称P2P〔ピーツーピー〕）型と称されるネットワークも増えてきている。主と従の関係にあるクライアント

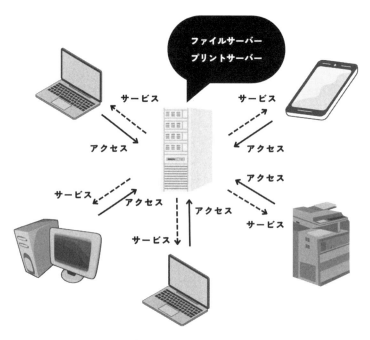

図2　クライアントサーバー概念図（筆者作成）

サーバー型と異なり、ネットワーク上の複数の端末を、それぞれ対等な立場、機能として接続する。小規模のオフィスなどで利用されてきたネットワークだが、インターネット上のファイル交換ソフトなどが新しいピア・ツー・ピアの利用法として注目を浴びている。また、一部のゲームなどでも利用されている。

　図書館での利用は、クライアントサーバーが主流であり、ピア・ツー・ピア型の利用は低調である。

2　Wi-Fiと無線LAN

Wi-Fiとは何か

　最近よく耳にするようになったWi-Fiは、公衆無線LAN（構内情報通信網）の通信方式の名称の一種である。

　無線LANそのものは古くから用いられてきたが、メーカーや機種によって規格が統一されておらず、同じメーカーの近い製品であっても必ずしもスムーズに接続できるとはかぎらなかった。このためメーカーやショップは接続確認ずみリストを作り、ユーザーはリストに表示されている製品同士でなければ安心して購入できなかった。

　そこで、無線LANの普及のために設立されたアメリカの業界団体Wi-Fi Allianceは、国際標準規格であるIEEE 802.11規格によって接続できることを認めた製品に対してWi-Fiの認定を与えることにした。つまりWi-Fiと無線LANの違いは、登録商標の認証を受けたかどうかであり、実質的な違いはない。Wi-Fiの認定を受けた機器は異なるメーカー、異なるデバイス間であっても相互接続が保障される利便性によって、国内では2005年前後から普及が始まり、以後急速に広がりをみせた。

図書館とWi-Fi

　図書館では、持参した、もしくは図書館が用意したノートパソコンでネットサービスを利用するために、Wi-Fiの導入が進みつつある。大学では利用者の所属や身分属性が比較的明らかであり個人が特定できるため、館内でのWi-Fiを用いたインターネット接続だけでなく、ネットワーク共有ディスクを導入したり、ネットワークプリンターを共有したりしている。公共図書館では、行政が用意したWi-Fiや民間サービス事業者によるフリーWi-Fiを導入しているところが多い。利用できる場所が無線LANコーナーのような館内の一部エリアに限定されている場合もある。

　また、利用案内や館内の掲示、公式ウェブサイトには明記されていないこ

図3　クラウドコンピューティング
(出典:「モノのインターネット（3337536）」「Pixabay」作者 Tumisu〔https://pixabay.com〕
〔2024年10月6日アクセス〕)

ともあるが、大手通信キャリア系のWi-Fiが利用できる場所も存在する。

3　クラウドコンピューティング

クラウドコンピューティング（Cloud Computing）

　クラウドコンピューティングは単にクラウドとも呼ばれ、主にインターネットを経由して、コンピュータ資源をサービスとして提供する形態である。クラウドはセキュリティーやバックアップが充実したデータセンターに置かれている。そこでは高速・大容量であり信頼性や冗長性が高いサーバーを使用しているため、故障による機能の停止の可能性が低く、いざというときの復旧性も高い。従来の図書館内に置かれていたオンプレミス（On-premises）に代わって、図書館システムの主役になりつつある。メリットとしては、初

図4　クラウドコンピューティング用語の概念図（筆者作成）

期投資を軽減でき、保守運用コストを低く抑えられるなどの費用面のほか、自社で機器を維持する必要がないために管理者としての人材を削減でき、システムやデータのバックアップが確実におこなわれることで事故・災害時の冗長性が高いことなどを挙げることができる。

　これまでは机上のパソコン端末やLAN内のサーバーにアプリケーションやデータなどを保存していた。クラウドでは、それらがインターネットのネットワーク上のサーバーから提供されていて、使用者はどこに保存されているかを特に意識することなしに、あたかも自分のパソコン端末内にあるかのように利用することができる。主にSaaS（Software as a Service）、PaaS（Platform as a Service）、IaaS（Infrastructure as a Service）の3つに分類される。

クラウドコンピューティングが示す範囲

　用語としてのクラウドコンピューティングは、ネットワーク上の複数のコンピュータを連結して分散処理をおこなう技術の総称である。

　これまで使用されてきた様々な概念と用語、例えばグリッドコンピューティング（Grid Computing）、SaaS（Software as a Service）、PaaS（Application Service Provider）、オンデマンドコンピューティング（On Demand Computing）、ユーティリティコンピューティング（Utility Computing）、ユビキタスコンピューティング（Ubiquitous Computing）など、従来は異なる分野・業界で用

第3章　ネットワークの基礎———43

いていた各用語がクラウドコンピューティングにまとめられるようになった。

オンラインストレージ（Online Storage）

　クラウドコンピューティングで提供されるものには、個人が利用するビジネスソフトやメールソフト、ゲーム、オンラインストレージから、企業が利用する業務システムやデータベースまで様々な種類がある。なかでもオンラインストレージは個人が最もよく利用する身近なものだろう。

　オンラインストレージには次のような特徴がある。

・URLを共有するだけでデータを共有できる。
・デバイスの種類にかかわらず同期したデータを利用できる。
・ローカル上のデータをオンラインにバックアップできるサービスもある。

　セキュリティーの観点では、自社で準備するよりも、より強固なセキュリティー環境を備え、管理コストを低く抑えながら、事故や自然災害などに対する耐久性が高いとされている。

注

(1) 日本図書館情報学会用語辞典編集委員会編『図書館情報学用語辞典 第5版』丸善出版、2020年、182ページ

第4章　インターネットの基礎

1　インターネットの概要と歴史

インターネットとは

　世界中のコンピュータや各種通信機器同士を接続した分散型のネットワークがインターネット（The Internet）である。このネットワーク上で提供される各種サービスを指す場合もある。

　インターネットは、1969年にアメリカ国防総省が軍事情報の効率化を目的として産軍学共同で開発した分散処理型ネットワークであるARPANET（Advanced Research Project Agency Network）を起源とする。80年代前半までには全米の大学や研究所が相互に接続され、90年代初頭に商用利用が始まった。以後発展を続け、90年代半ばにはアメリカの「情報スーパーハイウェイ構想（Information Superhighway）」の中核と位置づけられるにいたった。日本での商用利用は95年に始まり、インターネット接続を標準メニューとして装備したMicrosoft社の基本ソフト、Windows95 SP1のヒットとともに爆発的な拡大をみせた。

　現在では重要な社会インフラ（Infrastructure）と位置づけられ、生活や仕事などの様々な場面で使われている。

インターネットとの接続

　家庭の端末は、インターネットにルータ（Router）と呼ばれる機器を通し

て、インターネットサービスプロバイダー（ISP）と呼ばれる通信事業者のサービスを利用して接続されている。企業や図書館のような組織の場合は、ISPのはたらきをネットワーク管理部門が担っている。

インターネットには全体を統制する組織やコンピュータは存在しない。複数の組織や団体、通信規制当局が協力して管理・運営している。それぞれの端末にIPと呼ばれる固有の識別番号を割り振り、TCP/IPという同じ通信プロトコルを採用したネットワーク同士が相互に接続しあうことで成立している世界標準のネットワークである。

インターネットの特色は関連技術や規格の標準化にあり、通信手順（プロトコル）はTCP/IP、ファイル形式はHTML、そのほか様々な規格や法制度などが整備され、事実上世界標準になっている。このことがコンピュータだけでなく、携帯電話や家電製品、自動車など利用の範囲が年々広がる要因になった。

2　インターネットの技術

インターネットの代表的な技術

①TCP/IP（Transmission Control Protocol/Internet Protocol）

インターネットでは、コンピュータなどの端末同士が通信をおこなうために、TCP/IPという標準化されたプロトコルが使われている。プロトコルとは、コンピュータが情報をやりとりする際の共通の手順をいう。この仕組みのはたらきによってインターネット上で機種やOS、アプリケーションの違いを超えて、多種多様な端末が通信をおこなうことができる。

②IPアドレス

インターネットで、情報の行き先を管理するために利用されているのが、それぞれの情報機器（コンピュータとはかぎらない）に割り振られているIPアドレスと呼ばれる情報である。IPアドレスは、世界中で通用するインターネットの住所のようなものである。

③ドメインネーム（Domain Name）と URL（Uniform Resource Locator）

　インターネット上での各情報機器の住所にあたるのが IP アドレスであり、基本的に1台の情報機器に1個が割り当てられている。IP アドレスは単純な数字の羅列のため、そのままでは人間には覚えづらく、扱いづらい。そのためドメインネームと呼ばれるアルファベットと数字、そのほかの文字（日本語文字も使える）の組み合わせに変換している。URL は、インターネット上の情報資源の住所に相当し、IP アドレス、ディレクトリ名、ファイル名の組み合わせでどのコンピュータのどこに格納されているかを表す（ただし IP アドレスは DNS によってドメインネームに変換される）。一般的には、URL はウェブページ（web page）のアドレスを指すと理解されがちである。

④ DNS（Domain Name System）

　ドメインネームと IP アドレスの相互の対応づけ（正引き、逆引き）を管理するシステムである。インターネットに接続されたコンピュータは、数字だけで構成される IP アドレスを頼りにして相互の通信をおこなうが、前述のように人間にとってはドメインネームのほうが扱いやすいことから、ドメインネームと IP アドレスとの変換をおこなう DNS と略称されるドメインネームシステムが作られた。これはドメインネームを IP アドレスに自動的に変換することで、電子メールの送り先やウェブページの接続先を見つける仕組みになっている。

3　代表的なサービス（ウェブ、CMS、SNS）

様々なサービス

　インターネットで提供されているサービスには、WWW、検索エンジン、オンラインデータベース、E メール、FTP、IRC、インターネット電話／テレビ、ストリーミング配信、OPAC など、非常に多くのものが存在する。

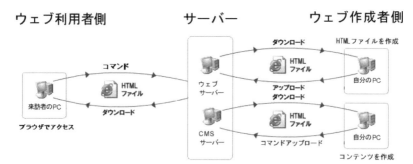

図5　ウェブページのファイルの流れ（作成から閲覧まで）（筆者作成）

WWW（World Wide Web）

　WWWはワールド・ワイド・ウェブと読み、ウェブと略称される。一般的にはウェブサイト（Website）と呼ばれることも多い。記述ではウェブサイトが硬めの表現、Webサイトが軟らかめの表現と使い分ける場合もある。

　WWWは、インターネットやイントラネット上での標準的なドキュメントシステムのことであり、HTML（Hyper Text Markup Language）言語で論理構造やデザインを記述し、ハイパーリンク（Hyperlink）機能を用いてテキストや画像、音声、動画などのコンテンツを埋め込んでいる。
「Google Chrome」や「Microsoft Edge」「Safari」のようなHTMLを解釈できるソフト、いわゆるウェブブラウザ（Web browser）上であれば、ハードウェアやOSの差異を超えて利用することが可能である。

　XML（Extensible Markup Language）はHTMLに代わる新しいウェブページ記述用のマークアップ（Markup）言語で、ユーザーが独自に定義したタグを使用してウェブページに高度な機能をもたせることが可能になっている。HTMLとともに幅広く用いられているスタイルシート（CSS：Cascading Style Sheets）は、構造化された文書の見た目を記述するための言語である。HTMLやXMLなどのマークアップ言語で記述の見た目を制御し、レイアウト、色、フォントなどを指定する。

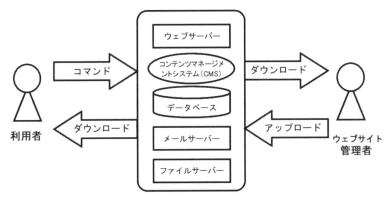

図6　サーバーの役割（筆者作成）

ウェブの仕組み

　ウェブページの表示は、ページを訪れた人のパソコンのブラウザとHTMLファイルを格納しているウェブサーバーとのやりとりで成立している。ウェブサーバーは、ウェブブラウザからのリクエストに応じてHTMLファイルやそれに関連づけられている画像ファイルなどを送り出す[1]。ブラウザは、ウェブサーバーからHTMLファイルを受け取り（ダウンロード）、これを解釈してもとのデザインでパソコンのディスプレイに表示するはたらきをしている。

　ここでやりとりされるウェブサーバーに格納してあるHTMLファイルは、ウェブページを作成者のパソコン上、ウェブサーバーにアップロードするか、またはCMSで作成するのが一般的である。

　一連のやりとりを図式化すると、図5のようになる。ウェブページを閲覧するパソコンとサーバーとの間でのやりとりを模式化している。ウェブ作成側は、ウェブページ作成ソフトを使用した場合とCMSを使用した場合に分けてある。

CMS（Content Management System）

　最近の企業などのウェブサイト制作は、CMS（コンテンツマネージメント

第4章　インターネットの基礎————49

システム）を使用しておこなう方式が主流になっている。「Wikipedia」に代表される「Wiki」や、日記サイトに使われているブログ（Blog）も、CMSの一種である。

　CMS は、ウェブブラウザを通じてウェブサイトを作成・更新できるシステムである。テキストや画像などのコンテンツを入力するだけで、HTMLや CSS をサーバー側のソフトウエアが自動的に生成する。これによって、専門知識がなくてもウェブサイトの構築の担当者になることが可能になった。テンプレートを使えばサイト全体のデザインを簡単に統一でき、特に企業や行政機関のサイトで広く利用されている。CMS の普及によって、ウェブサイト作成や更新の費用が安価になり、手軽に利用できるようになった。

　CMS 導入のメリットをまとめると次のようになる。

①ウェブサイトの更新が容易
　あらかじめ設定したテンプレートを使用できるため、ウェブサイトの更新が容易になる。テキストや画像、PDF ファイルの新規のアップロードや修正、配置の修正なども迅速におこなえる。

②サイトの更新頻度の向上
　ウェブサイトの更新が容易なため、コンテンツの更新が頻繁にできる。また実務担当者がおこなうため、コンテンツの専門性や具体性が高まる。

③SEO（検索エンジン最適化）
「Google」などの検索エンジンに対して最適化し、適切なサイト構造を構築して検索キーワードを埋め込むことができる。

④コストの削減
　各部署の担当者が自分たちで更新できるようになるため、ウェブ制作業者への外注コストを削減できる。

⑤初期導入費の低減

導入のための費用を低く抑えることができる。ウェブサイトを構築する際に先にテンプレートを作り、各ページのコンテンツを流し込むという方法をとるため、全体のコストを軽減できる。また、以後のリニューアルも容易になり、その点でもコストを削減できる。

また、CMSの主な機能として次の5つを挙げることができる。

①コンテンツ管理機能
　テキストや画像、PDFなどウェブサイト内のファイルを保存する。

②検索機能
　ウェブサイト内のコンテンツ（テキストや画像その他のファイル）の検索。

③ウェブサイト更新機能
　更新日時をページごとに予約して自動でアップロードする。

④管理者権限管理機能
　セキュリティーを高めるために担当者ごとにおこなえる作業を設定する。

⑤ウェブページのバージョン管理
　同じファイル名の古いページを保存しておき、必要な場合に以前のページを復活できる。

　CMSではサイト全体の設計やテンプレートのデザインなどはウェブ制作業者がおこなうが、日常的な更新やページの増設などの作業は、HTMLなどの知識がない者でも担当することができる。図書館であれば、業務に精通している図書館職員が、ほかの業務への負担をかけることなく短時間でコンテンツの制作に集中することが可能になる。そのために必要とされるスキルは、ウェブに適切な文章、画像、図解などのコンテンツを作る能力である。

SNS（Social Networking Service）

　SNSは、登録された利用者同士が交流できるウェブサイトの会員制サービスのことである。友人同士や同じ趣味をもつ人同士が集まったり、近隣地域の住民が集まったりと、メンバー相互の密接なコミュニケーションを可能にしている。最近では、会社や組織の広報としての利用も増えてきた。

　SNSはブログと並んで、代表的な消費者生成メディアCGM（Consumer Generated Media）であり、そのコンテンツはウェブサイトのユーザー投稿によって形成されている。「Facebook」や「X（旧Twitter）」「Instagram」などがあり、多くの図書館で活用している。

4　ネットワーク系情報活用のために留意すべきこと

ネットワーク系情報の特徴

　インターネット上の情報のなかから有用な情報を得るためには、各人の情報検索スキルと検索への積極的意志が必要である。インターネット上のネットワーク系情報資源には情報の質を管理する組織がなく、また情報発信が容易であることから情報の種類・質がきわめて多様という特性のためである。

　このような特性を十分に理解したうえで、インターネット上の情報を利用していかなければならない。また、情報そのものと情報を入手する過程には、誤った情報や法的・道徳的に有害な情報、コンピュータウイルスやネットワーク犯罪などの各種の有害なものが存在する。そのため安全で効率がいい情報活用には、入手した情報の信頼性を判断する能力に加えて、利用するパソコンやネットワークを安全に保つための知識とモラルが必要である。

　一方で、近年のブログでは、アフィリエイトと呼ばれる、ブログを書いている人がある企業やその製品の紹介をすることで報酬を受け取る仕組みを導入している例も多くある。このような場合、ブログから情報を得る際には、書かれている情報をそのままうのみにすることなく、閲覧側がその内容の信憑性を判断するなどの注意も必要になる。

探索情報と経験情報

　人が何らかの判断を下すにあたって参考にする情報には、大きく分けて探索情報と経験情報の2つがある。探索情報は商品の価格やサイズ、平均単価など自ら探索することで得られる情報であり、図書館では書誌情報が代表的である。経験情報は商品の肌触りや着心地、店内の雰囲気や客層、本の感想など実際に経験しないと得られない情報である。これまでは探索情報はオンラインデータベースやウェブサイトから得られるが、経験情報は実際に体験することによる感覚的な情報のため、オンラインデータベースなどからは得にくいものと考えられていた。

　これに対してSNSは口コミを中心としているため、経験情報を記事的に発信することに優れたツールである。各個人が実際に経験したことをもとにした情報を核に、各読者がつけたコメントや別サイトへの引用によって経験情報が質量ともに成長していく。

5　サーチエンジンとSEO

サーチエンジン（Search Engine）

　サーチエンジンとは、インターネット上の情報をキーワードなどを用いて検索できるように収集・蓄積・構築したサービスである。サーチエンジンは、従来は人間の手で登録するディレクトリ型と、ロボットエンジンと呼ばれるプログラムによって自動で情報を収集し、キーワードなども機械的に登録するロボット型に大別されていた。最近では、ほぼロボット型の検索エンジンだけになっている。日本の代表的ディレクトリ型だった「Yahoo! JAPAN」もTOP画面上からディレクトリ型の特徴を消していて、ポータルサイトとしての性格を深めている。

　子ども用サーチエンジンは、「キッズgoo」が2017年3月に終了したことで「Yahoo!きっず」と「学研キッズネット」だけになってしまった。ただし「学研キッズネット」はポータルサイトとしての性格が強い会員制のサービ

スである。「Yahoo!きっず」は、公共図書館の子ども向けページや学校図書館で定番のリンク先として活用されている。

SEO（Search Engine Optimization）

SEOとは、サーチエンジン最適化、検索エンジン最適化とも呼ばれ、自己のウェブサイトがサーチエンジンの検索結果一覧でより上位に表示されるためにおこなう工夫の総称である。広告とは異なり、いったん施せば費用がかからない。検索結果一覧で先に表示されているサイトのほうがアクセスしやすく、結果としてウェブサイトの開設目的を達することができるため、企業のウェブサイトでは必ずといっていいほど実施されている。

図書館のウェブサイトは、無理をしてアクセス数を向上させる必要はない。しかし、次の2点を理解しておく必要がある。

第1に、SEOを充実させることはウェブユーザビリティの向上につながるため、サイトを訪れた閲覧者にとっての直接的な利益になる。

第2に、ウェブ検索の支援ではSEOを意識したほうがいい結果を生むこともある。すなわち、地域の施設のサイトや個人のサイトの場合は、SEOを意識していないことも多く、検索エンジンでは表示の順位が下になる場合がある。しかし、そのサイトの情報が重要でないとはかぎらない。この点を理解している利用者はごく少ない。情報リテラシー支援にあたる図書館職員は、必ずしも順位が当てにならないことを意識しながら業務をおこなう必要がある。

6　データベースとは何か

データベースの定義と種類

『図書館情報学用語辞典 第5版』によれば、次のように定義している。

データベースとは「コンピュータによる加工や処理を目的として、特定の方針に基づいて組織化された情報ファイル・主な目的は情報検索である」[2]。

つまり、あとから利用しやすいように分類・蓄積された情報（データ）の

集まりがデータベースである。「利用しやすい」とは探し出して利用することができるように、あらかじめ準備しておくことと考えると理解しやすい。

アナログとデジタルの違いは関係なく、かつては紙ベースで構築されたデータベースも幅広く用いられていた。図書館でのカード型目録はその典型である。

現在では、コンピュータのデータベース・ソフトを使って構築するのが一般的だが、表計算ソフトで作成した一覧表や住所録、スケジュール帳も広い意味でのデータベースといえる。

データを格納する構造やアルゴリズムによって、階層型データベース、リレーショナルデータベース、オブジェクトデータベース、カード型データベースなどに分類される。現在はリレーショナルデータベースが主流になっていて、身近なところではMicrosoft社製のOfficeシリーズのデータベース管理ソフトAccessもリレーショナル型である。主要な図書館システムもリレーショナル型で構築されている。本格的な機能はないが、Excelのような表計算ソフトで簡易的なデータベースを作ることも一応可能である。

インデックスとは

主要な形式のデータベースは、インデックス（索引）ファイルをもつ。データベース内のデータの検索速度の向上を目的として、事前に記録されたデータから検索の項目に利用されるキーワードなどを抽出して作られる専用のデータ構造のことである。目的のレコードを効率よく検索し発見するために用意されていて、検索は通常インデックスファイルを対象としておこなわれる。

注

(1) サーバーについては第3章第1節「図書館ネットワーク」を参照。
(2) 前掲『図書館情報学用語辞典 第5版』163ページ

第5章　図書館システム

1　蔵書目録データベースの構築

図書館システムとは何か

　図書館システムは、蔵書目録データベースが根幹になっている。蔵書目録データベースを中心として、雑誌、利用者、会計、そして利用者向け検索システムであるOPACなどのサブシステムが集まって構成されている。なお、図書館システムは、正式な用語ではない。図書館の機械化のなかに位置づけられているコンピュータシステムを指す。実際には図書館業務システム、図書館情報システム、図書館統合ソフトなど各発売元によって名称が異なる。『図書館情報学用語辞典　第5版』によれば、図書館システムを以下のように定義している。

> 　図書館における業務の効率化やサービスの高度化を目的に導入されるコンピュータシステムのこと。特定の業務専用ではなく、資料の受入、貸出返却、資料の検索など図書館の業務全般に対応するシステムのみを指す場合もある。汎用のデータベース管理システム（DBMS）を利用して構築されているものが多い。図書館システムの導入により図書館業務の効率化がはかられたほか、ウェブOPACや図書の予約なども可能となった。[1]

業務機能として、貸出・返却、利用者登録・修正、資料検索、利用者検索、予約、資料登録・修正、資料受け入れ、オンライン発注、検収、所在の移動、蔵書点検、統計、AVブース管理などがある。

OPAC機能としては、資料検索、貸出・予約状況照会、パスワード登録・変更、メールアドレス登録・変更などがある。

あわせて新着図書の案内、ベストリーダー、推薦図書、お知らせ・催し物の案内、休館カレンダーなどの情報をCSM経由でウェブに排出する機能をもつ場合もある。

さらに、新しい機能としてオンライン選書・発注、インターネットレファレンス、IVR（Interactive Voice Response、自動音声応答システム）、ICタグ、自動貸出・返却機対応、BDS（Book Detection System）との連携、デジタルアーカイブやオンラインジャーナル・電子書籍との連携などが開発されている。

学校図書館向けのシステムでは、利用者の進級処理、学校間連携、読書記録などのオプションが用意されている。

これらの機能は大学図書館では広範囲に、公共図書館では必要なものだけ、学校図書館では基本的な機能に絞って提供される傾向がある。それぞれの図書館の実情と予算に合わせて取捨選択する。

オンライン選書・発注

図書館システムの機能の一つにオンライン選書・発注機能が搭載されるようになったのは1990年代末からである。現在では多くの図書館システムが、充実した機能を備えている。

オンライン発注をおこなうには書店側が対応する必要がある。現在は紀伊國屋書店、丸善、図書館流通センター（TRC）など多くの書店が対応している。図書館システムと書店のオンラインデータベースがシームレスに連動するものも増えていて「図書館システムで所蔵を検索、オンライン書店で検索、図書館システムのデータベースに照合して所蔵の重複をチェックしたあとに発注、同時にMARC（Machine Readable Cataloging、機械可読目録）をダウンロードして図書館システムの目録に登録する。また、OPACで検索可能に

し発注中の表示を行う」などの一連の作業が可能になっている。

　この場合に、一つの書店に契約が集中すると書店の対応やサービスの低下を招きがちである。また地域の書店は読書文化に重要な役割を果たしていることから、全国展開している大規模書店と地元密着型の書店の併用などを検討することが望ましい。

2　ICタグと蔵書点検

蔵書点検

　蔵書点検は、図書館職員にとって非常に負担が重い作業である。『図書館情報学用語辞典 第5版』には以下のようにある。

> 蔵書全体を書架目録と照合し、蔵書の現状や紛失資料の有無を調査すること。通常、この作業を通じ、破損資料の発見、排架場所の誤りの発見、請求記号の誤記訂正など、副次的な効果が得られる。不明資料については、点検記録を作成し、以後定期的に追跡調査をする。蔵書点検の時期として、一年に一度利用者が最も少ないときを選び実施するのが一般的である。[(2)]

　つまり、図書館職員の目視、あるいはハンディスキャナーなどの機械を使って、書架のすべての資料が正しく排架されているかを確認する作業である。小規模の図書館でも、準備を含めて1日から数日は必要であり、1日程度は休館することになる。そのあとに不明本の捜索や処理を通常業務の合間をみておこなう。

　資料に貼り付けているバーコードタグをハンディスキャナーで読み取る場合は、バーコードが読み取れるように書架から資料を引き出す必要がある。従来の点検方法ではハンディスキャナーに記録したデータを、のちほど有線ケーブルを経由して図書館システムに転送していたし、さらに前の2000年以前はハンディスキャナーを使用せずに資料をデスクトップパソコンまで持

ってきて作業していた。館内に無線LANが整備されていて、図書館システムが無線LANに対応している場合は、読み取ったデータを即座に転送することも可能である。閉架書架など無線LANが届いていない場合は、一時的に中継器を設置することで対応するか、端末に読み取ったデータを記録して事務室でシステムに転送する。

　ICタグ（RFIDタグ）を貼付する方法であれば、資料の背をなぞるようにスキャンしていくだけでも読み取ることができるため、大変な省力化になる。ただし、資料にICタグを貼り付けていることが必要になる。

　蔵書管理の新技術としては、本の背表紙を撮影した画像をAIで解析して蔵書点検の効率化を図るAI蔵書管理サポートサービス「SHELF EYE（シェルフ アイ）」が実用化されている。カメラ搭載の自立型小型ドローンとの連動で、将来的には「夜間の閉館時に自動で蔵書点検、翌朝にレポート受け取り」など、さらなる自動化が期待される。

3　OPAC

OPACとは何か

　OPACとは、利用者向けに提供されるオンライン蔵書目録のことである。「オーパック」「オパック」「オーピーエーシー」と発音されるが、特に定められてはいない。現場では「オーパック」と発音することが多いようだ。本来はスタンドアローン利用やクローズドネットワークでの利用も含んでいて、インターネット上から利用できるものは特にWeb OPACと別途扱っていたが、インターネットの広がりとともにWebが略されて単にOPACとまとめられるようになっている。資料の書誌情報（タイトル、著者名など）と所在情報（排架場所や利用ができるかどうか、予約状況）を確認することができる。図書館システムのパッケージソフトで、主要な商品のOPAC機能は、おおむね次のような特徴をもっている。

・直感的に使えるインターフェース

- 求める資料へのキーワード検索とカテゴリーからのアプローチ
- 検索結果の優先表示（一般的な表示順以外に図書館で指定した資料を優先表示）
- 検索結果の絞り込み（追加検索）
- 関連資料や類似資料の検索（リンク検索、外部データベース連携）
- 検索結果へのマーキング
- 携帯電話・スマートフォンからの利用
- 目次の検索や表紙イメージの表示

ディスカバリーサービス

　以前は発展型または次世代型OPACと呼ばれてきたが、次第にディスカバリーサービスという名称に集約された。

　文部科学省ウェブサイトの「大学図書館の整備について（審議のまとめ）」ではディスカバリーサービスを次のように解説している。

>　図書館が提供する様々なリソースを同一のインターフェイスで検索できるサービスのこと。情報の「Discovery（発見）」を支援するサービスという意味がある。通常は、OPAC（オンライン蔵書目録）、電子ジャーナル、データベース、機関リポジトリ等、収録対象や検索方法が異なるリソースを使い分ける必要があるが、ディスカバリーサービスにおいては、これらを一括検索することができる。
>　また、高度な検索スキルがなくとも求める情報を容易に入手できるように、使いやすいインターフェイスや、適合度によるソート、絞込み、入力補助などのユーザ支援機能を備えている。[3]

　現状のディスカバリーサービスは、図書館が提供する情報は信頼性が担保されたものであるべきという考えに基づいている。

　次の世代のOPACについては盛んに議論と開発が進められているところだが、将来的にはこれまでのような図書館が所蔵している情報資源を対象にするだけではなく、あらゆる情報資源にアクセスできるシステムを構築し、利用者のアクセスを確保することが期待されている。さらに、AIが様々な

データベースを活用することも見込まれている。例えば、レファレンスデータベースに蓄積された情報をAIが学習し、回答に活用する可能性が考えられる。

総合目録と横断検索システム

　図書館の目録は、各タイトル資料の書誌情報と所在のデータから構成されている。複数の図書館の目録を統合して、各資料の書誌に各館の所在がリンクされているものを総合目録という。総合目録のメリットは、一つの総合目録を検索することで、どの資料をどの図書館が所蔵しているかを一括して調べることができることにある。ほとんどの総合目録は資料の検索だけでなく、図書館間相互貸借や文献複写などのILL（相互貸借）を扱うことも可能である。

　総合目録の構築は独立した作業としておこなうこともできるが、共同目録作業の一環としておこなうと効率がいい。共同目録作業は、本来は書誌ユーティリティを活用して書誌の相互利用をおこなうものである。書誌が登録されていればダウンロードし、登録されていなければ新規に作成したうえでアップロードして他館に利用してもらうシステムである。この書誌のやりとりに自館の所在データをアップロードする一手間を付け加えると、おのずと総合目録のひな型が形成できる。

　国立情報学研究所（NII）が運用する目録所在情報サービス（NACSIS-CAT/ILL）はその典型である。国内の大学図書館などでは所蔵資料の総合目録データベースのユーティリティであるNACSIS-CATと、総合目録データベースを利用して図書館間での資料の相互貸借を支援するためのNACSIS-ILLとで構成されている。一般の利用者向けとしては、NII学術情報ナビゲータ（CiNii）や国立国会図書館サーチなどがある。

　総合目録の検索と似ているものに横断検索がある。複数のオンラインデータベースやオンラインジャーナルに対して一括で検索をおこなう。小規模なものでは「世田谷6大学コンソーシアム横断検索」などがある。この場合は、コンソーシアム加盟館の蔵書を一括して検索することができる。

　現在では、総合目録検索と図書館横断検索、ディスカバリーサービスは、

見た目からでは区別しにくい傾向にある。

4　図書館システムの導入の実際

導入のステップ

　実際の図書館システムの導入は、どのような手順でおこなわれるものなのだろうか。項目によって作業が前後することはあるが、おおむね以下のような手順で進められる。以下、「学校図書館の力 第2版」[(4)]を参考に記す。

1. システムの選定
2. 資料の廃棄と整理
3. 資料バーコード、利用者バーコードの検討
4. 運用環境設定（パラメータの検討）
5. 資料バーコードの準備
6. 装備作業と所在登録
7. 利用者データの登録と利用者カードの準備
8. 開館直前準備

システムの選定

　図書館システムの選定は、館種、所蔵冊数、利用者の特性、必要な機能、予算などを考慮しておこなう。高機能なシステムを導入する場合には、導入経験がある図書館を訪れて運用状況を聞くことが大変に役に立つ。機能や予算以外の観点では、図書館の規模（大規模、中規模、小規模）、システムのタイプ（オンプレミス型、クラウド型）、さらに分館の有無や図書館ネットワークとの連携、システムの製造元（メーカー製、第3セクター製）なども考慮する。また、NPO作成、行政からの支援（メーカー製をカスタマイズしたものを含む）、独自開発などの選択肢もある。最後に、サーバーや端末機器をリースするのか購入するのかも検討対象になる。

資料の廃棄と整理

　導入に先立ち進めておくべきなのが、資料の廃棄と整理である。目録と書架を点検して不明本を洗い出すとともに資料の評価をおこない、利用価値が低下したものや修復不能なほどに汚損・破損したものは廃棄する。データ化や装備にはコストがかかるため、きちんとおこなう必要がある。また、消耗品図書のように、利用期限を設定している資料では、残り期間が短い場合には、意図的にデータ化をおこなわないことも選択肢としてある。

機器とソフトウエアの準備

　少なくとも図書館システムをオンプレミス型にするのであれば、インストールするサーバー機と業務用に使用するパソコン端末機の2種が必要である。クラウド型の場合はサーバー機は館内になく、データセンターで共有利用することになる。

　どちらであれサーバー機には、図書館システムのソフトウエアとデータベースが収納される。データベースは目録データと利用者データが根幹になり、必要に応じてほかのデータが加わってくる。クラウド型の場合は、ソフトウエアはメーカーが用意したものを共有することが多く、データはセキュリティー機能が高いデータセンターのセキュアデータベースに保存する。

　パソコン端末は初期セットアップ時には最低1台、開館までに必要台数を用意する。

資料バーコード、利用者バーコードの検討

　資料バーコードと利用者バーコードの2種類を用意する。この2つの桁数を変えておくとトラブルの可能性を低くすることができる。

　資料バーコードの桁数は、蔵書数や年間の増加見込み、除籍の予想数をもとに決定する。資料バーコードと蔵書番号を別にする場合は、バーコードは単純な連番でもかまわない。しかし、資料バーコードと蔵書番号を同一にする場合には、資料の種別や購入年、予算種別などによって番号体系を分けるのかどうかを検討する必要がある。

また、図書館システムの画面とアクセス権限を使用者ごとに変更しておく必要がある。例えば、図書館のカウンターでアルバイトやボランティアなど正規職員以外が、貸出・返却などの作業を担当することは多い。その際、メニュー画面の表示とアクセス権限は必要な範囲にとどめるように設定する。また、正規職員でも、図書館システムの設定を変更できる職員と一般の職員で権限設定を同一にはしない。具体的には前述した導入のステップの3、4、5の作業は並行しておこない、必要に応じて順序も入れ替わる。

資料バーコードの準備

　バーコードは外部に委託する方法でも内製する方法でも、どちらでも準備できる。委託の場合は、印刷業者に直接発注する、図書館システムの導入業者に依頼するなどいくつかの方法が考えられる。いずれにせよ装備作業の開始までには届くように、早めの依頼が望ましい。

　内製する場合は、専用のA4のラベルシートを購入して、パソコン用プリンターで印刷する。具体的な印刷方法などは後述する。A4よりも小さなシートも図書館システムの印刷設定が対応していれば利用できる。

目録登録と装備作業

　資料の書誌データを手入力するか、またはMARCデータを利用して資料の同定識別のための書誌データを登録し、続いて所在データを登録して目録を完成させる。MARCは、公共図書館では図書館流通センターや日販図書館サービスなどのデータ（有料）や国立国会図書館などの書誌作成機関が作成したデータを利用した集中目録作業で、大学図書館では国立情報学研究所のNACSIS-CATによる共同分担目録作業を利用して目録データベースを構築する。

　装備作業は新着の資料と並行しておこなう。当然、既存資料のほうが作業の負担は大きくなる。既存であれば、図書番号、所在記号（ラベル）、蔵書印などは装備ずみのため、準備した資料バーコードラベルの番号と図書館システムの図書番号をリンクさせたうえで、所定の位置に貼り付ける。新規にブックコートフィルムを貼る場合は、資料バーコードを貼り付けた上からの

ほうが保存上好ましいが、すでにコートずみの場合はフィルム上に資料バーコードラベルを貼り付けてもかまわない。

利用者データ・カードの準備、テストと職員研修

利用者データは Excel や CSV ファイルに入力ずみのものを登録する。運用開始後の登録は、公共図書館であればカウンターなどで申し込みを受け付けて、手入力でおこなうことが多いだろう。大学や学校図書館は学年更新の時期には一括入力・更新が主な作業になるが、短期の留学生や転校生、卒業生、近隣住民などの一部例外が発生する。利用者カードは、準備ずみの磁気カードやバーコードカードなどを利用する。または、図書館システムに利用者登録したあとに印刷して作成する。素材によっては、保存性を向上させるためにラミネート加工を施すこともある。

開館の前に必要な準備作業は、テストと研修が中心になる。テストではすべての資料区分、すべての利用者区分の組み合わせで貸出、返却、延長などが正しく作動するのかを確認する。また、職員に対する研修では、単純に操作法を知ってもらう以外に、画面に表示される様々なメッセージの意味とおこなうべき対応を理解してもらう必要がある。

5　クラウド型図書館システム

クラウド型図書館システムの登場

近年、従来型の館内または周辺にサーバーを設置して管理するオンプレミス型に代えて、データセンターなどにプログラムを置いてインターネットブラウザ上から操作するクラウド型図書館システムの導入事例が増えている。

クラウド型は、サーバーやパッケージの購入が不要のため初期費用を抑えることができ、システムを管理する人材の必要もなくなる。また、サポート部門が障害対応やセキュリティー管理をおこなうため、安定して運用できる。データはセキュアサーバーに保存され、バックアップなどの作業負担が軽減されるなどのメリットがある。

その一方で、デザイン面や機能面でカスタマイズ可能な範囲が狭くなるため、システム開発側が想定した"全国標準"的な運用を強いられる。統計や帳票、利用者区分、貸出のパターン、勘定項目などで独自のやり方を用いていた場合は、図書館側がシステムに合わせて変更するか、導入をあきらめるしかない。また、個人情報を外部に預けることになるため、条例や学則、図書館の運用規定などを変更する必要がある。

　大規模な図書館は、開発力や予算規模が大きく、また、特殊なカスタマイズを必要とすることも多い。一方、小規模な館であれば、価格や人材、運用面でのメリットが大きく、カスタマイズの必要も小さいと考えられるため、クラウド型の図書館システムの導入がしやすいと思われる。そのため、現在、公共図書館が図書館システムの新規導入あるいは更新を考える際には、クラウド型図書館システムの導入を検討する例が非常に多い。それに比べて、学内に情報セクションをもつことが多く、人材に余裕がある大学図書館の場合は導入が遅れているといわれている。

クラウド型図書館システムの今後

　総じてクラウド型図書館システムのメリットは多く、今後ますますの普及が見込まれる。ただし、これまでのオンプレミス型とは多少異なる点がある。例えば、これまではバックアップは図書館職員または依頼を受けたメーカーの作業員がおこなっていて、バックアップを記録したファイルも手元にあった。しかしクラウド型図書館システムでは、設定されたタイミングでおこなわれる。バックアップしたファイルは、クラウド上のハード的に別の記録メディア、メーカーのサポート担当部署が使用するテープストリーマなどの独立した記録メディア、もしくは図書館がHDDやDVD、テープストリーマなどの独立した記録メディアに記録することになる。バックアップファイルをリストアにしか使わないのであれば特に問題はないだろうが、年度末記録を残す際や統計作業や監査など様々な理由で必要になることがある。自館での必要性と図書館システムの機能や契約を精査することが重要である。

注

(1) 前掲『図書館情報学用語辞典 第5版』179ページ
(2) 同書138ページ
(3) 文部科学省「大学図書館の整備について（審議のまとめ）――変革する大学にあって求められる大学図書館像 用語解説」2010年12月（https://www.mext.go.jp/b_menu/shingi/gijyutu/gijyutu4/toushin/attach/1301655.htm）［2024年9月15日アクセス］
(4) 富士通東北システムズ：葵教育システム監修「学校図書館の力――学校図書館情報化の手引き 第2版」富士通、2010年（非売品）

第6章　業務システムと連動するその他の機器

1　入退館管理システム、自動貸出・返却機、読書通帳機

入退館管理システム

　本来は、利用者カードのバーコードや IC タグで情報を読み取って入退館のチェックやカウントを記録するシステムである。図書館のシステムは、資料に貼り付けたタグによって貸出処理ずみか否かを判断し、ゲートの開閉をコントロールする不正持ち出し防止システムの機能を兼ね備えていることが多い。なお、入退館管理システムと不正持ち出し防止システムは、本来別々のものであり、どちらも単独で運用することもできる。

　入退館管理機能は、入館・退館をコントロールするとともに、いずれか、あるいは両方の情報を記録し、各種の統計を表やグラフにまとめる帳票作成機能をもつ。図書館システムの資料の利用統計などとともに図書館の年次報告の基本的なデータとして利用される。どの時間帯にどのような利用者層が、どの程度の頻度で利用しているかなど利用状況の把握が可能になり、開館時間の検討の参考になる。

　不正持ち出し防止システムはブックディテクションシステム（BDS：Book Detection System）ともいわれ、図書館で資料の不正持ち出しを防止するためのセキュリティーシステムである。BDS はスリーエムジャパン社の登録商標だが、国内で最も早くに普及したため、他社の商品も含めて不正持ち出し防止システムのことを BDS と呼ぶ図書館職員は多い。資料の利用者からは

わからない部位に磁気タグやICタグを貼り付け、その属性を貸出や返却時に消去・再生器を用いて貸出状態や未貸出状態に変更処理する。出口に設けられた検知パネルが未貸出状態のタグを検知すると、アラームが鳴りゲートが閉じるようになっている。

自動貸出・返却機（Self-checkout Machine）

　自動貸出・返却機は、利用者が自身の利用者カードを使って資料の貸出や返却、延長をおこなうためのシステムである。一部の図書館では無人貸出・返却機といわれている。スーパーマーケットに導入されたセルフレジと類似のシステムである。導入当初は「操作が難しそう」とか「やはり人にやってもらいたい」などの声も多かったが、新型コロナウイルス感染拡大でスーパーやコンビニエンスストアの無人レジのような非接触型サービスが増え、急速に忌避感が薄れてきている。

　バーコードに対応した機器には上からバーコードを読み込むスタンダードなタイプに加え、厚めの資料に対応したバーコードを下から読むタイプ、バーコードが書籍の内側もしくは左右のどちらかの面に貼られているような不ぞろいな資料にも対応したタイプなど様々な種類がある。また、ICタグに対応した機器では複数の資料を同時に処理することも可能である。

　混雑時でもカウンターに並ばずにすむなどの利用者の利便性や図書館職員の業務の効率化のために導入する事例が増えていて、図書館職員の業務の削減を図るとともに、レファレンスなどの利用者サービスのさらなる充実が期待される。

　設置場所によって利用頻度に影響が生じることがあるため、導入にあたって利用者動線とカウンター、職員動線、さらに電源とLANの配線などをよく検討する必要がある。

読書通帳機

　読書通帳機とは、銀行の預金通帳のように自分が借りた本を印刷して記録するシステムである。図書館に設置してあるATMによく似た専用の機械に読書通帳を通し、借りた本のタイトルと貸出日などを印字する。2010年に

写真5　読書通帳機 mini
（出典：「内田洋行プレスリリース」〔https://www.uchida.co.jp/company/news/press/151110.html〕〔2024年6月26日アクセス〕）

　山口県下関市の市立中央図書館から始まった試みだが、通帳の1ページがすべて印字で埋められると達成感が得られたり、読書意欲の向上や読書習慣の形成につながったりという効果から、全国に広まりをみせている。学校図書館と公共図書館の協力事業として、公共図書館の読書通帳を小学校で配布して、夏休み中に読書に親しんでもらおうという試みなどもおこなわれている。
　発売当初は読書通帳機は一台500万円、通帳が一通あたり数百円する点が難点といわれたが、次第に次のような安価な方法が開発されてきた。

①読書通帳方式
　読書通帳専用の機械を使って本の貸出記録を印字していく方式。図書館システムとの連携が前提である。モデルによっては、借りた本の購入価格まで印字され、いくら分の本の購入代が節約できたか把握できるものもある。

②お薬手帳方式（シール方式）
　薬局のお薬手帳と同様に読書記録をシールに印字して手帳に貼り付ける方式。専用の手帳でなくてもいいため安価ですみ、個人のノートや手帳、印刷したシートに貼り付けることもできる。

③自書方式

　印字を機械でおこなうのではなく、読書記録を自分で書き込む方式。サイズや形状に制限がなく、図書館がデザインした冊子や用紙を使うことができる。用紙の場合は、図書館のウェブサイトからダウンロードして使うこともできる。非常に安価であり、一見するとアナログに後退したように思えるが、そもそも自分で書き残すという行為に教育的効果が見込める。

2　バーコードタグとRFID

バーコード（Barcode）

　バーコードとは、縞模様状のバーの太さとスペースの組み合わせによって数字、文字、記号などをバーコードスキャナーと呼ばれる光学認識装置で読み取り、デジタル情報として認識できるように表したものである。

　図書館では、単純な一次元のバーコードを使用することが多いが、より情報量が多いURLなどを表すのに使われる二次元バーコードもある。最近では、非接触型の画像解析技術を使ったカラーバーコードと呼ばれるものも商品化されている。

　バーコードには様々な体系があるため、目的に合致したものを選択する必要がある。一般的には、採用した図書館システムに多く利用されている形式を選ぶことになる。

　バーコードには、末尾に正確に読み込めたかどうかを確認するためのチェックデジット（C/D）と呼ばれるコードを付けることができる。バーコードが表している文字列（数字）と計算式に基づいて計算をおこない、その結果の一部をバーコードの末尾に0から9とXの数字と文字で1桁付け加える。バーコードリーダーでも読み込んだ数字に対して同じ計算を自動的におこない、末尾の数字同士を比べてチェックする。これがチェックデジットである。この計算方法にもいくつかの種類があるが、基本的に大きな差はないため、チェックデジットを付加するか否か、付加する場合にはどの方式を使うのかについては、メーカーや担当SEに相談して決定する。

バーコードラベルの印刷は、通常、自分の施設でレーザープリンターまたはインクジェットプリンターを使っておこなうか、外部の業者に委託する。長期保存を考慮する場合は、耐久性を重視して、近隣の印刷業者や図書館システムの供給業者に依頼するのが一般的である。図書バーコードのラベルを表紙の外側に貼る場合は擦れや光による色褪せが起きやすいが、その際インクジェットプリンターで印刷したものは劣化しやすいといわれている。なお、主要な図書館システムには、資料や利用者カードに必要なバーコードを出力する機能が備わっている。

RFID（Radio Frequency Identification）

　RFIDとは、ID情報を埋め込んだRFタグを用いて、無線を利用して非接触で読み書きするシステムの総称である。バーコードに代わるものとして、流通業を中心に利用が広がっている。電池の内蔵なしのパッシブタグと電池を内蔵しているアクティブタグの2種類があるが、図書館用はパッシブタグを用いている。

　従来のRFIDタグは、これまで通信距離が1メートルほどの13.56MHz帯が主流だったが、比較的高価で、サイズも大きく図書への貼り付けがしにくかった。近年はワンチップのICタグを用いたUHF帯（900MHz、2.45GHz）の製品が開発され、サイズが小さく、安価で、感度が向上したものが注目されている。通信可能距離は2メートルから3メートル程度である。RFIDタグの一枚あたりの価格は、従来は100円以上だったが、近年では購入枚数などの条件にもよるが5分の1以下まで下がってきている。

　RFIDの利点は、バーコードであればレーザーなどでタグを1冊ずつスキャンするのに対して、RFIDなら電波で複数のタグを一気にスキャンできることである。貸出・返却や蔵書点検の際に複数冊数の一括読み取りが可能である。また、電波を通す素材の保管箱に収納している資料でも読み取ることができる。汚損や破損にも強いため、長く利用することができる。なお、両方を兼ねたバーコード一体型ICタグのタイプも販売されている。

　RFIDタグを使用するためには、エンコードと呼ばれる情報を書き込む作業が必要である。未使用のRFIDタグには何の情報も記録されていないため、

RFIDの業者から提供された専用ソフトをインストールしたパソコン、ICリーダライタなどで1冊ごとの図書情報を書き込む作業をおこなう。

　バーコードであれRFIDであれ、素材の価格に加えて図書への装備作業も発生し、RFIDではエンコードの費用も加える必要がある。作業にかかる費用と日数などを考えると、従来型のバーコードと磁気テープによるBDSを導入ずみの図書館では切り替えを躊躇する面があるため、RFIDは新館建設や建て替えの際に導入することが多い。

3　自動仕分け機、自動書庫、集密書架

自動仕分け機（Automatic Sorting Equipment Machine）

　自動仕分け機は、排架する資料の大まかな仕分けを自動でおこなう機械である。レーンを流れてきた資料のバーコードやICタグのIDを読み取り、その資料の排架情報に従って該当するボックスに移動させるシステムである。高機能なシステムでは、同時に図書館システム上の返却処理をおこない、退館管理システムのタグを未貸出状態（館内状態）に変更する。これによってサービスカウンターやバックヤードの返却図書に伴う一連の作業負担を軽減することができる。移動図書館の荷下ろし場やブックポストに連結している例もある。大規模な図書館に導入されていることが多い。

自動書庫（Automated Storage）

　自動書庫はロボット書庫、自動化書庫などとも呼ばれ、大規模な図書館や専門図書館の閉架書庫に導入していることが多い。大規模通販業者や書籍流通業者の配送所と同じマテリアルピッキング技術を利用していて、メーカーも同一のことが多い。専用の閉架書庫から資料を載せたコンテナやトレーをクレーンが搬送システムカウンターまで運搬する検索・自動出納システムである。ほとんどの製品は専用の管理システムによって運用されていて、図書館システムと連動してOPACから直接に出納要求を送り、カウンターに到着した際にメールで利用者に通知する高機能な製品も登場している。

写真6　自動仕分け機
(出典：日本ファイリング「自動返却仕分機」〔https://www.nipponfiling.co.jp/products/library/counter/return_system.html〕［2024月6月26日アクセス］)

　資料を毎回同じコンテナに納める固定ロケーション方式と、任意のコンテナに格納し管理システムが位置を記録するフリーロケーション方式とがある。フリーロケーション方式のほうが空間利用効率がよく、出納業務にかかる時間が短縮できるなどメリットが多いといわれるが、運用方針に基づいて検討することになる。

　全自動書庫には、空間利用の効率化、出納業務と排架作業や蔵書点検の省力化、火災対応などの利点があるとされている。一方で、非常に高額な導入費用と継続的な電気代や定期交換部品代、メンテナンス費も必要になる。また、故障、停電、ネットワークの切断などの際に閲覧、貸出のサービスが全面的に停止する危険性がある。とはいえ、マテリアルハンドリング分野は今後急速な発展が見込まれ、コストの低下が期待できるため、導入を検討する図書館も増えると思われる。また、これまではスケールメリットが強調され

写真7　自動書庫
(出典：日本ファイリング「自動化書庫オートライブ」〔https://www.nipponfiling.co.jp/products/library/auto/〕〔2024年6月26日アクセス〕)

大規模な製品が多かったが、例えばカウンターと同平面上の小規模な製品の登場が予想される。その場合は、カウンターも無人の全自動(無人)図書館との差は非常に小さくなるのだろう。

　大規模な製品は、いったん導入すると更新が難しく長期間にわたって利用することになる。また、相応の電力を必要とするためにコスト増を招く。書庫スペースが少なく外部別置しか手段がない図書館や保存機能を優先する図書館などでは、積極的に導入を検討する必要がある。

集密書架

　集密書架は、限られた書庫の収蔵能力を高めるために導入される。ハンドル式の手動または電動のタイプがあり、移動書架、電動書架、移動棚、スタックランナーなどとも呼ばれる。書架列をレール上で移動させるため、書庫スペースの効率的な利用が可能である。一般的には、閉架書庫や製本雑誌な

ど利用頻度が低い資料の書架に用いる。ハンドル式、電動式いずれのタイプでも、安全バーやストップキーなどの事故防止装置を装備している。

従来型は情報機器のカテゴリーに入らないが、最新型は図書館システムのOPACと連携して、OPACからレシートプリンターに印刷、またはスマートフォンからOPAC検索をおこなった場合にディスプレイに表示したバーコードを読み取り、該当する書架の表示板を点滅させたり自動で書架を開閉したりする高機能な商品が発売されている。

電動の集密書架を導入する際には、作動の電力を消費するために電気料金が上昇することと、内蔵しているパーツは定期的にメンテナンスや交換をおこなう必要があるために、継続して費用がかかることに留意する必要がある。また、地震の際にレールから外れて倒れてしまう事故が起こりうるため対策がとられている。

4 座席・パソコン端末予約システム、パソコンシェアロッカー、無人図書館

座席・パソコン端末などの予約システム

図書館の閲覧・自習座席やパソコン端末の不足を補い、効率的な運用を促進するために導入するシステムである。それらの利用申請または予約を利用者が自分でウェブ上からおこなえるようにする。

受験戦争がピークを迎えたころ、ある地方の公立図書館で、受験生が受験勉強を目的に図書館の閲覧席を長時間占有することが常態化したため、新館建設の折に専用の自習室を設け、別の入り口を館の横に新設したことがある。その自習室は広く快適で大人気になったが、結局、席が不足し早朝から座席取りに長い列ができることになった。公共図書館で受験生を見かけることは珍しいことではないが、一部の図書館では一般閲覧席での受験勉強を禁止しているところもある。しかし、それらの図書館では、資格試験の勉強で閲覧席を占有している社会人へはどのように対応するのだろうか。このような座席の不足は困ったことだが、逆に利用されずに空席だらけというのも問題である。有限の席を可能なかぎり効率的に、かつ快適に利用できるようにする

ための積極的な運用が求められている。

　図書館などの予約システムは、閲覧席、個人・グループ学習室、無線LANコーナー、インターネットコーナー（座席）にとどまらず、ノートパソコンやタブレットパソコンなどの各種端末までサービス対象にすることができる。

　どのような機能を備えているかはシステムの機種によるが、ウェブまたは館内のタッチパネル端末、あるいはOPAC上から座席や機器の予約や利用申請することを基本的な機能としている。

（主に利用者側）
・利用者認証（正規利用者だけに限定、延滞中の利用者の制限など）
・利用の予約、利用開始の手続き
・当日の利用申し込みの手続き、座席がすべて使われている場合は当日予約・利用の延長（新たな予約者がいない場合）
・利用時間をメールで連絡
・利用時間の制限（同じ人に長く使わせない）
・予約表と利用表の印刷
（主に管理者側）
・管理用端末からの予約操作
・利用状況（座席別、曜日別、時間帯別）の集計と帳票作成、利用者アクセスログの取得
（パソコン端末連動の場合）
・パソコンシェアロッカーの開閉のコントロール（貸出、返却）
・利用終了時にパソコンを自動で終了または再起動（デスクトップパソコン）・利用終了時にHDDを初期状態に復旧（デスクトップパソコン）
・ネットワークに常時つながった常設型のノートパソコンを含む

　基本的な機能以外はすべての機種を備えているわけではない。また、座席予約システム単独、図書館システムと連携、図書館システムの機能の一部など、システムの位置づけによっても異なる。

座席予約システムは、これまで説明してきたように座席や端末の効率的な運用を可能にするが、同時にその手続きや管理に必要とされてきた職員の負担軽減にもつながる。そのぶん、レファレンスサービスなど専門性が高い業務で活躍してほしい。

パソコンシェアロッカー

公共図書館や大学図書館などで、利用者への貸出用ノートパソコンを提供する際に、保管と充電、貸出手続きを簡素化し、業務負担を軽減するために導入される。

大学などの高等教育施設では、2010年代から学生が主体的・能動的に自ら学ぶアクティブラーニングが取り入れられた。この動きに対応して大学図書館では様々な施策を打ち出したが、個人的学習用に加えてグループ・ディスカッション、ディベート、グループ・ワークなどに対応する設備や機器の充実を図った。情報検索・学習用のノートパソコンやタブレットパソコンの貸出はそれらの設備での使用も視野に入れている。

パソコンシェアロッカーのメリットとしては下記が挙げられる。

・利用者証または学生証で手続きが可能
・インターネット経由の遠隔運用・管理・カウンター周辺のスペースの削減
・ログによる正確な利用統計の集計
・担当職員や管理者の業務軽減
・安全な保管と確実な充電
・無人での貸出・返却手続きも可能

ノートパソコンやタブレットパソコンなどの機器を貸出・保管する専用ロッカーであり、閲覧室内に設置する。カウンターでの手続きをすませたあとに利用者が自分でロッカーから取り出し、利用後の返却も自分でおこなう。その際に、ノートパソコンの場合は充電用のACアダプターのケーブルを接続する。ワイヤレス充電のQi規格に対応したタブレットパソコンの場合は、ロッカー内に返却すれば自動で充電される。最新の機種では、予約や貸出を

座席予約システムと同じようにオンラインでおこなうことができる。

無人図書館

　2015年ごろから無人図書館の実証実験が各地で開始された。15年4月から2年間にわたって神奈川県秦野市の本町公民館図書室で図書館流通センター（TRC）と市が共同でおこなった「スマートライブラリー」実証実験では、利用者カードによる入室管理（カードで扉を解錠）、自動貸出・返却装置の使用、BDS[1]による退室管理など既存の技術を用いて図書館の無人運営を試みた。図書室は無人化されるが、公民館には職員が常駐している。実験の結果は、市全体の貸出冊数の変化と比べて無人化による影響はごくわずかしかみられなかった。予想されていた高齢者層の利用減少についても際立った傾向はみられなかった。アンケートでも、全体として「無人化を他の図書館へも導入したほうがいい」が約半数、残りが「思わない」と「わからない」に分かれる結果だった。相対する意見を詳細にみると、ガイダンスや自動貸出機のユーザーインターフェース（UI）の改良で解消するものも含まれている。

　中国など海外では、完全無人の小規模な図書館の運営が始まっていて、そのためのシステム（入退館管理、貸出・返却、予約資料の貸出）も開発されている。

　わが国は対人サービスを基本とする公共図書館の整備が進んでいて、無人図書館の導入は諸外国に比べて遅れがちだが、社会の無人化の流れに対応して、導入が徐々に進んでいくものと思われる。

注

(1) BDSについては本章第1節「入退館管理システム、自動貸出・返却機、読書通帳機」を参照。

第7章　各種メディアの特徴と保存

1　メディアの劣化と陳腐化

メディアの劣化

　和紙は保存性がきわめて高い。現存する最も古い和紙は、702年に書かれた奈良・東大寺の正倉院が所蔵する美濃・筑前・豊前の戸籍用紙とされ、保存期間は1,300年を超えている[1]。これに対して洋紙は、現在使用されている中性紙で200年から600年（20世紀末に酸性紙問題を起こした酸性紙では50年から100年程度）しかもたないといわれる。もっとも洋紙が発明されて200年しか経過していないため、600年というのは適切に保存した場合の理論値である。

　いずれにせよ、どのメディアも時間とともに劣化する。それを少しでも先延ばしすることは当然のことだが、格納されている情報の保存はさらに重要である。デジタルメディアに関していえば、メディアの陳腐化も起こり、下記に説明するマイグレーションが必要になってくる。

メディアの陳腐化

　メディアの陳腐化とは何かについて、動画再生機器を例に挙げて説明しよう。家庭用ビデオデッキ発売当初はベータマックス（βマックス）とVHSが激しいシェア争いを起こした。結果としてβ方式は敗退し、映画などのパッケージ商品が徐々に発売されなくなり、最終的に2002年にビデオデッキ

はどうだろうか。図書館によく所蔵されている代表的なアナログメディアを取り上げて紹介しよう。

レコード（Record）

　レコードは、物理的な凹凸を利用して、音楽や音声などの音響情報をポリ塩化ビニル（PVC）などの樹脂製の円盤に刻んだ溝に記録するメディアである。

　材料であるポリ塩化ビニルは汎用プラスチックとは異なり酸化による劣化を起こさないために寿命が長く、適切なメンテナンスをおこなえば半永久的にもつともいわれている。しかし、材質は脆弱で傷がつきやすく、破損しやすい。レコードの溝を針でなぞることから、レコードプレーヤーのトーンアームの調整に失敗し、過大な針圧でレコードを再生すると盤面の溝を削ってしまい、記録の劣化や最悪の場合は喪失の可能性がある。また、温度管理に失敗すると盤面にゆがみが生じ、湿度管理に失敗するとカビが発生する。そのほか、レコード針やカートリッジの選択や取り扱いには相応の知識と慎重さが必要とされる。

　なお、大量のレコードを所蔵している国立国会図書館などでは、レーザーターンテーブルというレーザー光を利用する非接触型の再生装置を活用してデジタルメディアへの変換をおこなっている。溝がすり減ったレコードや傷がついたレコードでも、新品に近い状態で再生することが可能な特性をもつ。ただし、半透明や透明のレコードはレーザー光を透過するため再生できない。

　レーザーターンテーブルは「非接触型のためレコードを傷めない」「音質に優れマスター音源に近いといわれる」「反り・傷・割れなど異常があるレコードでも再生できる」「操作がアナログのプレーヤーに比べて単純でわかりやすい」などの特徴をもつ。

　レコードに近いメディアでソノシート（朝日ソノラマの登録商標）と呼ばれるものがある。ビニールレコードとも呼ばれるようにきわめて薄く、塩化ビニルでできているレコード状のメディアである。ビニール製の下敷きよりも簡単に曲げられるくらいに柔らかい。安価で薄く軽いため1960年代から80年代にかけて、書籍や雑誌の付録として広く利用された。ごく一部ではある

の生産が終了した。また、レーザーディスク（LD：Laser Disc）は光ディスクの一種である。レーザーディスクという名称はSONYとフィリップスの共同の登録商標であり、正式には光学式ビデオディスクと呼ぶ。1980年代後半から90年代前半に広く利用され、ビデオテープに比べて画質がよく破損も少ないため、導入した図書館も多かった。しかし、DVDの登場によって急速に衰退し、2009年にレーザーディスクプレーヤーの生産が終了した。24年の時点では修理に必要な補修部品の保管期間を過ぎていて、今後は部品不足による修理不能のケースが増加すると思われる。これらはメディアの陳腐化の一例である。

陳腐化はアナログ、デジタルのいずれであれ起こりうる現象であり、例えば1980年代後半にビデオディスクと激しい規格競争の末に敗退したVHD（Video High Density Disc）や前述のレーザーディスクなどは、現在ではドライブの生産が停止し、中古品もめったに見かけなくなっている。

メディアのマイグレーション（Migration）

技術的に旧式化したメディアから新しい形式のメディアに情報を記録しなおす（複製）ことをメディア変換と呼ぶ。しかし、メディアの種類によっては、図書館の保存期間よりもメディアの利用限界のほうが短く、同じ形式のメディアに情報を記録しなおす必要が出てくる。これがマイグレーションである。

デジタルメディアに関していえば、記録媒体も再生するためのハードウエアの寿命も図書館のタイムスパンからすると短く、収められている情報を保存するために必須の作業である。マイグレーションが図書館にかける負担は軽視することができず、保存のため環境負荷の軽減とともにより長期の保存が可能なメディアの導入が望まれる。

2　旧式化したアナログメディア

紙に対して、いわゆる従来の視聴覚メディアと呼ばれるアナログメディア

写真8　ソノシート「NHK基礎英語ソノテキスト」1974年4月号（筆者撮影）

が、パソコンのプログラムの配布用として用いられてもいた。柔らかい素材のため傷つきやすく、取り扱いには通常のレコードよりも細心の注意が必要である。ソノシートを再生するための専用プレーヤー（ソノシートプレーヤー）を使用すべきだが、現時点で稼働するものは稀少である。一般的なレコードプレーヤーで代替することができるが、柔らかい針に交換し、トーンアームの重量とバランスをソノシート用に調整する必要がある。通常のダイヤモンド針を使用すると、ソノシートを傷つけるおそれがある。

録音テープ（Audiotape）

　録音テープはオープンテープとカセットテープに分かれ、テープレコーダー（Tape Recorder）で再生する。材質はポリエステル系であり、PET（ポリエチレンテレフタレート）、PEN（ポリエチレンナフタレート）、PA（ポリアミド）のいずれかの素材が使われている。これらの素材は次に説明するVHSにも用いられているが、温度や湿度を管理した保存で約30年後には限界を迎えるといわれている。

　読み取りヘッドとテープの摩擦によって磁性体の磨耗劣化が起こり、再生回数が100回未満で劣化が始まるともいわれている。カセットテープは録音・消去が容易で、データ密度が高く長時間の録音が可能という長所があるが、経年変化や摩耗のための磁性の劣化による音質の低下やテープの伸び、

写真9　カビが生えたVHSテープの画像（筆者撮影）

切断、ローラーへの絡まりなどのトラブルが起こりうる。外部からの湿気や適切な保管条件が保たれていない場合は、カビ（人体には影響しない）の発生、強い磁気による劣化などが起こることがある。なお、オープンテープのほうが頑丈で劣化も遅いといわれるが、使用されていた時期も古く時代を経ているため、いずれにせよ劣化は進んでいると思われる。

ビデオテープ（Videotape）

　ビデオテープはプロ用・家庭用のそれぞれで多くの規格がある。図書館にはパッケージ販売された映画のリクエストが多かったことと、再生用のデッキの価格も安価だったことから、家庭用ビデオのVHSを所蔵することが多かった。本章第1節の「メディアの陳腐化」で紹介したようにベータマックスとVHS方式の激しいシェアの争いがあり、最終的にVHS方式が定着した。ベータマックスのビデオを購入していた館は再生機器ごとの買い換えを迫られることになった。VHS、SVHS、8ミリビデオテープ、ベータマックス、Hi8、u-matic、ベータカムなどの種類があるが、所蔵されているものとしてはVHSが圧倒的に多い。材質、製法ともに録音テープと同じであるため素材としての限界が近い。また、前述のようにカビが発生することもある。写真9はカビが発生したVHSのビデオテープである。テープの中央下部が白くなっている部分にカビが生えている。

　録音・録画テープがトラブルを起こした場合は、専門業者による復旧サービスを利用することが望ましい。適切な洗浄剤を使用して、図書館で処理することも可能である。同時に、デジタルリマスター処理をおこなうと往年の音質や画質を取り戻せる。

　なお、ビデオテープはその容量と安定性を評価され、一時期コンピュータシステムの大型磁気ディスク装置のバックアップ用途にも使われていた。

3　現行のアナログメディア

マイクロフィルム（Microfilm）・マイクロフィッシュ（Microfiche）

　マイクロフィルム、マイクロフィッシュとは、主に書籍や新聞、地図、設計図面などの保存や利用のために原資料を10分の1から30分の1のサイズに縮小撮影した写真フィルムである。原資料の汚れや破損などの予防を目的とすることが多いが、保存のスペース確保のための場合もある。古くさいイメージと異なり、一説には500年以上という長期間の保存が可能であり、マイグレーションが不要なメディアとして重宝されている。

　一般の写真フィルムよりも画像の粒子がはるかに細かく、詳細な情報を記録することが可能である。最も大きい35ミリマイクロフィルムでも肉眼では読めないほどに縮小された微小写真画像である。正確な比較ではないが、35ミリをデジタルカメラの画素数で比べると10億4,000万画素程度になるといわれている。モノクロのデジタル画像の場合、白か黒の2値であるのに対して、アナログ画像であるマイクロフィルムの画像はきれいな階調のグラデーションで描かれていて格段に多い情報量をもつ。

　また、国際規格の ISO 18901:2002によるマイクロフィルムの保存期間は、適切な保存条件のもとでは、セルロースエステル製のフィルムで100年、ポリエステル製で500年以上といわれている。規格、撮影方法、保存の方法は日本工業規格（JIS：Japanese Industrial Standards）や国際標準化機構（ISO：International Organization for Standardization）によって統一されているため、長期にわたって互換性が保証されている。一方、デジタル系のメディアでは、規格や閲覧用の機材の入手が保証されていない。また、実質的に十数年おきにマイグレーションをおこなう必要があり、信頼性に欠け、労力・コストともにかかる。そのため、デジタル系メディアを作成する際にマイクロフィルムも同時に作り、将来の変換に備えるという考え方がある。

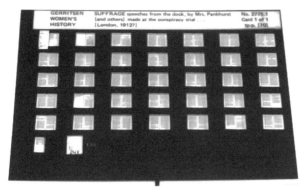

写真10　マイクロフィッシュ（筆者撮影）

写真11　マイクロロールフィルム（筆者撮影）

ロールフィルム（16／35ミリ）

　図書館では比較的よく目にするのがフィルム幅35ミリのロールフィルムである。記録面積が大きいため高い精度の画像を記録することができるが、1ロールあたりのコマ数は約600コマと少なめである。原資料を厳密に再現する必要がある貴重資料や古文書、拡大した場合でも鮮明さが必要な新聞や図面の記録メディアとして利用される。幅が約半分の16ミリのものは1ロールあたり約2,500コマの記録が可能で、企業で事務的な記録に用いられることが多い。

マイクロフィッシュ

　カード状のフィルムにマイクロ画像を碁盤目状に30コマ、60コマ、49コマ、98コマ、244コマ、270コマずつ配置してある。複製や配布が簡便で安価であり、アメリカを中心に多用されている。学術文献や研究書、企業の報告書、特許プログラム情報などが記録されることが多く、図書館でも所蔵しているところが多数ある。

　このほかにロールフィルムを1コマないし数コマに切断してカードに貼り

付けたアパーチュアカードや、フィルムロールからカットされたストリップを透明なジャケットに入れたジャケットフィルムなどがある。

　閲覧のためには、マイクロフィルムリーダー（多くは印刷もできるリーダープリンター）と呼ばれる専用の投影機を用いる。最新の機材は読み取った画像をデジタル化できるデジタルリーダープリンターのため、マイクロフィルムの高解像スキャンデータをパソコンに取り込み、電子データとしてファイリングして画像加工するなど新しい利用が拡大している。

マイクロフィルムとデジタルメディア

　マイクロフィルムは、記録の長期保存を必要とされる分野で今後も長く使われる可能性が高い。デジタルメディアは情報の処理能力と利便性の向上を追求して発展してきていて、長所として高い検索性やダイナミックな処理能力、利便性やアクセス性の高さが挙げられるが、短所として運用やマイグレーションにかかるコストが高く、メディアの安定性と寿命、テクノロジーの陳腐化という問題を抱えている。一方、マイクロフィルムは記録と保存を追求して発展してきていて、メディアの安定性と寿命、高度な標準化、低い管理コスト、陳腐化のおそれが少ない、マイグレーション不要という長所をもつ。短所としては処理能力や検索性が低く利用しにくいこと、情報へのアクセス性が弱いことが挙げられる。

4　旧式化したデジタルメディア

FD（Floppy Disk）

　FDはフロッピーディスクの略称であり、フロッピーと呼ばれる。再生するためのフロッピーディスクドライブの略称はFDDである。1971年にIBMが開発した磁気ディスクの記録媒体で、8インチ（約20センチ）、5インチ（約13センチ）、3.5インチ（約9センチ）のタイプが広く用いられた。8インチと5インチは紙ケースに入った四角い薄くて柔らかなものだったため、このあとに出現した硬いケースに入ったHDDがハードディスクと呼ばれる遠因にな

写真12　8インチ、5インチ、3.5インチのフロッピーディスク（筆者撮影）

った。なお、3.5インチは薄いプラスチックの容器に入っているため、柔らかいという印象はなく保存性が向上した。パソコン黎明期から90年代末まで、記録媒体といえば事実上FDしか選択肢がない状態が続いた。

　記録後2、3年経過すると磁気が弱まり、エラーが発生しはじめるといわれている。後期の3.5インチFD以降はケースに可動シャッターこそ付いたものの、基本として磁性体の記録面が露出しているため、傷や埃、汚れ、湿気に対して脆弱である。エラーが起きず読み込めたとしても、現在と記録ファイル形式が異なることが多く、内容を確かめるためには苦労すると思われる。

　実用的な記録メディアとしては廃れているが、2024年6月現在、FD本体、USB接続の外付けドライブともに「Amazon」で購入できる。

　図書館では書籍や雑誌に付いていたものを所蔵している可能性がある。この場合はほとんどが3.5インチ、まれに5インチディスクと思われる。また事務室などから発見される場合は、ほぼ3.5インチディスクだけだろう。

MO（Magneto-Optical Disk）

　MOは、光磁気ディスクと呼ばれるパソコン用の記録媒体である。レーザー光と磁場を用いて磁気記録をおこない、レーザー光を用いて再生する。1988年に発売され、直径3.5インチの円盤状でプラスチックのケースに入れたまま使用する。640MBの容量のものが広く使われたが、1.3GBや2.3GBのGIGA MOや、サーバーやワークステーション用の5.25インチの製品もあった。当時としては大容量で高い安定性から、製図やCGデータの保存に用いられていた。また、きわめて耐久性が高く頑丈なメディアであり、データ保持は推定で5年から100年の寿命があるとされる。現状でもMOの耐久性に匹敵するメディアは少ないため、プロ用として現在でも使用されているが、オンラインディスクの普及によって衰退の傾向にある。

　ほかにもミニデジタルビデオカセット、8ミリビデオカセット、スーパーフロッピーディスク、ZIP、8ミリデータカートリッジなど多様なメディア

が利用されていたが、現在も図書館に情報資源として残っている事例はわずかだと思われる。

5　現行のデジタルメディア

光ディスク

　CD、DVD、Blu-ray Disc が主要な光ディスクであり、いずれも光学ディスクドライブを用いて読み書きする。サイズの規格として12センチまたは8センチのディスクがある。MD も光ディスクの一種だが、現在では廃れつつあることと、図書館メディアとしては用いられなかったため取り扱わない。ディスクを回転させ読み書きをおこなう機構上、HDD や SSD、USB メモリに比べて容量に限界がある、読み込みの速度が遅く信頼性が低い、衝撃に弱いなどの欠点がある。また、ディスクも傷つきやすく、データを読めなくなることがある。

　光ディスクは、直射日光や湿気、高温を避け適切に扱えば、通常の使用条件で10年から30年は保存が可能である。素材を見直したガラス CD（Glass CD）やゴールド CD（GOLD CD）などは100年近い長期保存が可能といわれるが、コストが高い。なお、現在開発中の石英ガラスを用いたディスクでは、半永久的な寿命が期待されている。

　現在、広く用いられている長期保存可能なものとしては M-DISC（Millennial Disc）がある。高出力レーザーで物理的な凹みを作ってデータを記録するために長期の保存が可能とされ、開発元のアメリカの Millenniata 社では1,000年の耐久性があると主張している。書き込みには専用のドライブが必要だが、読み込みは普通の Blu-ray Disc ドライブや DVD ドライブ、またはプレーヤーで可能である。Blu-ray Disc、DVD ともに安価で、2024年現在、1回録画用 BD-R 片面3層の国産ブランド製品が一枚あたり1,000円程度から販売されている。

フラッシュメモリ

　フラッシュメモリとは、シリコンディスクとも呼ばれる半導体メモリのことである。データを読み書きする際には電源が必要であり、保存するだけなら不必要なため持ち歩き用のメモリとして広く用いられている。身近なものではUSBメモリやSDカードがあるが、使用法が手軽で安価なため、一時保存目的で、パソコン用やデジタルカメラなどでの内蔵用として利用されている。

　数万回の書き換えに耐えられる設計になってはいるが、理論上のデータ保持期間は数十年程度である。故障しなかったとしても部分的なデータ欠損が起こり、早ければ4、5年でデータが消失することがある。データの欠損率が高いため、HDDや光ディスクとは異なり長期保存用としては期待できない。また、静電気や湿度に弱く、正しい操作で抜き差しをおこなわないと故障を起こす可能性が高くなる。

注

(1) 外務省「美濃和紙について」「グローバル外交ネット」2021年9月30日（https://www.mofa.go.jp/mofaj/gaiko/local/page23_003559.html）［2024年7月7日アクセス］

第8章　デジタルアーカイブの構築と電子資料の利用

1　デジタルアーカイブとは何か

デジタルアーカイブの定義

　デジタルアーカイブ（Digital Archive）について、総務省の「デジタルアーカイブの構築・連携のためのガイドライン」では次のように定義している。

　　図書・出版物、公文書、美術品・博物品・歴史資料等公共的な知的資産をデジタル化し、インターネット上で電子情報として共有・利用できる仕組みをデジタルアーカイブと呼びます。[1]

　また同ガイドラインでは用語集でアーカイブ（Archive）を次のように説明している。

　　古文書・公文書・記録文書の集合、もしくはその保管所、文書館を指す言葉です。「アーカイブズ」や「アーカイブス」と表記されることもあります。[2]

デジタルアーカイブの流行

　様々な記録をまとめて保管することで散逸を防いで保存の確実性を上げることができ、利便性も向上する。インターネットの時代を迎え、当然のよう

にデジタル化の考え方が生まれてきた。しかし、当初は、需要があるかどうかわからない、技術が確立していない、高額な費用が予想される、ネットワークの速度が遅く十分な実用性が期待できないなどの理由によって、実現されなかった。しかし現状は前述の「デジタルアーカイブの構築・連携のためのガイドライン」や次節で述べる国の計画やプロジェクトを通して、また東日本大震災で多くの貴重な資料が失われたこと、逆に震災の記憶を残していかなければならないという機運が高まったことなどを契機に急速な広まりをみせている。従来の博物館、図書館、文書館が収蔵する資料にとどまらず、自治体や企業、個人が所有する資料までもデジタル化の対象とするボランティア活動なども芽生えている。

　一例として、東京都世田谷区で活動している「穴アーカイブ：an-archive」のプロジェクトでは、各家庭に眠る再生手段がない8ミリフィルムをデジタル化することによって、古い世田谷の生活をよみがえらせる取り組みをおこなっている。

　このように、従来、アーカイブは、公刊された出版物を図書館、公的資料を公文書館、実物資料を博物館とそれぞれが専門的に管理してきた。しかし、デジタルアーカイブの登場によって、この区別が曖昧になり、さらに地域振興の一環として地方自治体や民間団体も参入してきたため、用語としての「デジタルアーカイブ」の定義がやや混乱している状況である。

デジタルアーカイブの意義

「上田市デジタルアーカイブポータルサイト」によると、デジタルアーカイブには次のような意義があるとされる。

1. 映像遺産の保全
   過去の情景、風俗を記録した映像はその国や地域にとって貴重な文化遺産であるという発想から、それら映像遺産を散逸と消滅の危機から守り保存する。
2. 文化遺産の記録
   劣化や損傷が進む歴史的文化財、また伝統芸能や伝統技術などの無形

文化財をデジタル映像で記録し、後世に継承する。
3．地域映像ライブラリー
　地域の今日の姿を体系的に映像で記録し、郷土学習への活用と次世代への継承を図るための映像ライブラリーを構築する。
4．地域産業アーカイブ
　地域の産業活動の情報化を図るため、地域の企業が共同利用できるよう商品やデザインなどのデジタル映像データベースをつくる。[3]

解像度とアップコンバート

　図書館や博物館などアーカイブを所蔵している機関にデジタル化の経験が蓄積されてきたことや、デジタル化を担当する業者が増加してきたことによって、技術的あるいは予算的な障壁が低くなってきたこと、サーバー側の容量の増大やウェブの公開技術が向上してきたこと、閲覧側のパソコンの画像処理能力やネットワークの全体的な通信速度が向上してきたことなどの要因から、図書館のデジタルアーカイブの公開は急速な広がりをみせていて、利用も拡大してきている。また、デジタル画像の情報圧縮技術が進歩し、画像が高精度化したことで、現在主流になっているのはハイビジョンレベル解像度（1,920×1,080）である。早い時期に制作されたデジタルアーカイブでは画質向上のためにファイル形式の変換作業アップコンバート（Up Convert）を検討する時期にさしかかっている。アップコンバートは、アップスケーリングとも呼ばれる。

　多くの図書館はすべてのデジタル化が終了しておらず、残った資料のデジタル化を継続している状況にある。新たに三次元CDのモデリング技術やレンダリング技術などの画像処理技術も進み、精細な3D地形図などでの公開が始まり、新規にデジタル化の対象になった立体物の資料も多い。[4]

2　デジタルアーカイブの最近の動向

　2005年以降のデジタルアーカイブをめぐる動向として、次の4点を紹介し

よう。

2006年内閣官房IT総合戦略本部「IT新改革戦略」重点計画

　内閣官房にある高度情報通信ネットワーク社会推進戦略本部（IT総合戦略本部）が2006年7月に公開した「重点計画」では、「我が国からの情報発信力を強化する。我が国の誇る国宝、重要文化財をはじめとする文化遺産のデジタル化や、世界市場を意識した魅力的なコンテンツの創造を戦略的に推進し、インターネット等を通じ、日本の魅力を世界に発信する」とされ、具体的に次のような施策を挙げている。

　　（1）文化遺産のデジタル化の推進及び発信（内閣府、文部科学省）
　　　インターネットを通じ、我が国の文化遺産等を世界に発信できるように、下記のコンテンツのデジタル化を推進する。
　　　a）我が国の誇る有形・無形の文化遺産について総合的なポータルサイトである「文化遺産オンライン」の公開情報の充実を図る。2006年度には全国の博物館・美術館等の文化財や美術品をはじめとする文化遺産のデジタル画像等の集約化を推進し、2006年度中に全国で1,000館程度の美術館・博物館の参加を目指す。
　　　b）独立行政法人国立公文書館の所蔵する重要文化財及び歴史的に重要な公文書等について、高精細なカラー画像等によるデジタル化を推進し、順次公開する。
　　　c）我が国とアジア近隣諸国等との間の歴史的に重要な公文書等を、2012年度を目標として、約3,000万画像のデジタル化を行う。
　　　d）国立博物館が収蔵する我が国を代表する重要文化財について、高精細デジタル情報として半永久的に保存するとともに、4カ国語（英・仏・中・韓）に翻訳し、ホームページ等で順次公開する。[5]

　これは、文化的なコンテンツや観光情報のようなアクセスの需要が高い情報資源をデジタル化することによって、情報発信を強化する戦略である。特にアジアでのプレゼンスを向上させることを目的としている。

2012年総務省「東日本大震災アーカイブ」基盤構築プロジェクト

　東日本大震災に関わる記録・教訓の収集・保存・公開を目的として2012年からおこなわれた総務省の「東日本大震災アーカイブ」基盤構築プロジェクトでは、次のような理念を掲げ活動をおこなった。

　　「東日本大震災アーカイブ」の基本理念
　　（1）国内外に分散する東日本大震災の記録等を、国全体として収集・保存・提供すること。
　　（2）関係する官民の機関が、それぞれの強みを活かし分担・連携・協力し、全体として国の震災アーカイブとして機能すること。
　　（3）東日本大震災の記録等を国内外に発信するとともに後世に永続的に伝え、被災地の復興事業、今後の防災・減災対策、学術研究、教育等への活用に資すること。[6]

　具体的成果としては、図書館をはじめとする自治体や大学、研究機関、報道機関、また個人などが所有している情報をデジタルアーカイブ化する事業を国立国会図書館と連携しておこない、2015年3月から「国立国会図書館東日本大震災アーカイブ ひなぎく」[7]として公開している。

2015年内閣官房知的財産戦略推進事務局

　内閣官房の知的財産戦略本部では2015年から17年にかけて「デジタルアーカイブの連携に関する関係省庁等連絡会、実務者協議会」を開いて関係省庁などが情報交換、意見交換をおこない、最終報告書にまとめた。議論にはマンガ・アニメーション・ゲーム・メディアアートなどのメディア芸術に関するものも取り上げられていた。連絡会と実務者協議会があり、協議内容の調整や調査、資料作成を含む協議会の企画などについて国立国会図書館が協力していた。[8]

認証アーキビスト制度

　2021年から始まった認証アーキビストは、国立公文書館長が認証するアーカイブズに関する専門家に位置づけられ、公文書館はもとより、図書館、博物館、各行政機関、企業、大学などでアーカイブズの保存と利用の業務に携わる。

　認証アーキビストになるためには、公文書管理に関する「知識・技能等」「実務経験」「調査研究能力」の3要件について必要な知識・技能などの内容が修得できる大学院や関係機関で研修したあと、アーキビスト認証委員会の審査結果に基づいて国立公文書館長の認証を受ける必要がある。

　また、認証アーキビストに準じるものとして、2024年から准認証アーキビストが設けられている。こちらの要件は「知識・技能等」としている。

　新しい制度ではあるが、公文書などの適正な管理の重要性が高まる現代では、ますます重要になっていくことが予想される[9]。

3　学術機関リポジトリ

　学術機関リポジトリ（Institutional Repository）とは、大学などの学術研究機関が所属研究者の研究成果を電子的に保存し、インターネット上で公開・発信するために構築するデジタルアーカイブの一種である。公開の対象になる研究成果としては、次のようなものが挙げられるが、基本的にそれぞれの研究機関の方針によって決定する。

・学術雑誌に掲載の論文
・紀要など学内雑誌に掲載の論文
・学術関連会議資料（予稿集・発表資料・会議録など）
・テクニカルレポート
・学位論文
・単行図書

・大学で生産されたその他の資料

国立情報学研究所とオープンアクセスリポジトリ推進協会

　国立情報学研究所（NII）では、各大学での学術機関リポジトリの構築とその連携を支援している。その一環として2012年から大学、短期大学、高等専門学校、大学共同利用機関などを対象に、クラウド型の学術機関リポジトリ環境提供サービスである「共用リポジトリサービス（JAIRO Cloud）」を提供している。このサービスは国立情報学研究所とオープンアクセスリポジトリ推進協会が共同運営している。

　オープンアクセスリポジトリ推進協会のウェブサイトでは、協会について次のように説明している。

>　オープンアクセスリポジトリ推進協会（JPCOAR）は、リポジトリを通じた知の発信システムの構築を推進し、リポジトリコミュニティの強化と、我が国のオープンアクセス並びにオープンサイエンスに資することを目的とし、国公私立大学図書館協力委員会と国立情報学研究所の間の連携・協力協定に基づき、2016年7月に設立されたコミュニティです。[10]

　JAIRO Cloud は、機関学術リポジトリを実施したいが費用や人材面に不安がある学術研究機関に対して、クラウド型のリポジトリのプラットフォームを提供しようというものである。2023年3月末で、全国の大学の研究機関の利用数が750に達している。

4　デジタルアーカイブ化の手法と機材

デジタルアーカイブ化の手法

　資料のデジタル化のプロセスには、情報資源の整理（目録化、保護処置）—保存（記録、保管）—利用・公開の各段階が考えられる。これらの作業とともに著作権の確認・処理をすませておく必要がある。

デジタル化には画像、音響、動画、マルチメディアなど様々な形式があるが、図書館では画像が最もよく用いられる。博物館や美術館では3D技術による立体画像化、赤外線やレントゲン線撮影によって肉眼では確認できない情報を可視化することもおこなっている。

　図書館では、これらの動きを受けて貴重な資料のデジタルアーカイブ化が促進されている。貴重な資料に限らず紙製の資料は熱・光などのような化学的要因、カビや虫害などのような生物的要因、災害や人の不注意などによる物理的要因など様々な要因によって劣化が引き起こされる。特に古文書のような資料はページをめくるだけで破損するほど劣化が進んだものさえある。これらの資料を保存し、安心かつ手軽に利用するために、デジタルアーカイブはなくてはならない手段になりつつある。

デジタルアーカイブ化の機材

　デジタルアーカイブを作成するためには、現物もしくはアナログ技術でコンテンツ化されている元資料からデジタル化した資料を作成する。

　そのために用いる機材には、デジタルスキャナー、デジタルカメラ、フィルムスキャナー、3Dスキャナーがある。資料の種類・形状・現況に合わせて適切なものを使用するが、いずれも個人用のものよりも高精度の画質をもっている。イメージセンサーにはCCD（Charge Coupled Device）方式とCIS（Contact Image Sensor）方式の2種の方式があるが、デジタルアーカイブの作成のような高い解像度が求められる場合はCCDが用いられている。

　デジタルスキャナーは、主に書籍や図版のような1枚もののデジタル化に使用する。2メートルを超えるサイズの図版でも接触せずにスキャンが可能な大型スキャナーや、ある程度の厚みがあってもスキャンが可能なものもある。また、厚みがある書籍を傷めずにスキャンするために、写真13のように資料をＶ字状に開いたままデジタル化できる機材もある。この場合は上部からデジタルカメラで撮影し、ソフトウエア上で中央や周辺部のゆがみや影などを補正することが可能である。オプション機材として自動ページめくり機能をもつものもある。デジタルカメラは、解像度のわりに機材が安価で、書籍や図版のようにフラットな資料以外の彫刻・彫像などにも対応できる汎

用性がある。フィルムスキャナーはフィルムのスキャンに特化していて、枚数が少ない場合にはフラットベッドスキャナーのオプションで間に合わせることもできる。専用品は高精度、高速度、高い安定性をもっていて、スムーズに作業しやすい。3Dスキャナーは彫刻・彫像などを立体的にスキャンすることができるが、一般的な図書館では活躍は限定的と思われる。

写真13　デジタルスキャナー Bookeye5-v2
(出典：ユニバーサル・ビジネス・テクノロジー「bookeye5-v2」〔https://www.ubtc.space/product-book〕〔2024年10月5日アクセス〕)

　撮影環境は、光、振動、湿度、埃、風などから厳密に守られている必要があり、図書館内であれば貴重書閲覧室や作業室（通常は修理や目録作業などで使用）で作業をおこなう。あるいは、図書館から持ち出して委託した業者の作業場でおこなう場合もある。

5　電子書籍

電子書籍の歴史

　電子書籍はすでに一般の読者も広く利用する時代になっている。
　その利用は意外と古く1990年代から始まっていて、当時は電子ブック、CD-ROMブックといわれていた。日本では、写真14の8センチCD-ROMをメディアとしたSONY社製ブックプレーヤー・データディスクマン（1990年）が発売され大変な話題になったが、サイズが159.6×33.5×110.5ミリ、重量が470グラムもあり使い勝手が悪かった。しかもメディアは書店や大型

写真14　SONY社製データディスクマンDD-30DBZ（筆者撮影）

電器店の店頭販売でしか入手が難しく、コンテンツも少なく価格も高かった。主に電子機器メーカーの主導によるハードウエアの販売が先行し、マニアのための商品のような扱われ方をしたため、やがて市場から消え去ることになった。

2007年になって、携帯電話網を利用してパソコンを介さずに電子書籍や新聞記事がダウンロードできる「Amazon」の電子書籍端末Kindle（キンドル）が登場したことによって、格段に大きな流行になった。日本版のKindleは12年に発売が開始されている。

以後、課金制度の確立やコンテンツの増加、ダウンロードが簡単にできる点が評価され、専用の端末である電子書籍リーダーだけでなく、携帯電話やスマートフォン、タブレット、パソコンなど多様な再生機器が利用できるようになり、購入方法や端末の選択肢が増えた。なお、一般的な解釈ではないかもしれないが、電子辞書専用機も電子書籍リーダーの一種と考えることもできるだろう。

個人向けの電子書籍は、図書館では直接購入することができない。図書館では、貸出という制度との問題を、特殊なプラットフォームからダウンロードすることによって電子書籍のデータに対して「利用可能な期間」を設定し、期間を過ぎると自動的に利用できなくすることで解決している。

電子書籍を導入した公共図書館

電子出版製作・流通協議会の報道機関向け発表によれば、2023年1月の集計で電子書籍サービスを導入している自治体数は461自治体、電子図書館の数は369館である。[11]なお、自治体数よりも図書館数が少ないのは、自治体広

域連携での電子図書館の実施によって生じた差である。

　割合でみると導入率は30.8％である。自治体別でみると、都道府県別導入率51.0％、市導入率43.5％であるのに対し、政令市90.0％、東京都特別区82.6％と、いわゆる大都市が高いことがわかる。この要因としては各自治体の予算規模と利用者からの要求の度合いが考えられる。

　全国的にみて低調である要因としては、日本では電子書籍の販売で貸出を前提とした仕組みがいまだ確立されていないことが挙げられる。電子図書館の利用者から著作権者へ利用の対価（お金）の流れを確立していないため、著作権者は、販売の仕組みが不安定と感じていて、収入や著作権の面に信頼がもてず利用の許諾が判断できない。一方、図書館はプラットフォームや契約が出版社ごとに異なり、価格の正当性を判断しにくい。

　電子書籍サービスは、大学図書館では以前から洋書を中心に導入が進んでいたが、公共図書館でもコロナ禍の最中に対面サービスが忌避された経験を経て広がりをみせつつある。学校図書館でも自治体による差はあるものの、電子教科書の導入も見据えて利用が始まっている。

　2024年現在、利用されている代表的なプラットフォームとしては、図書館流通センターのTRC-DL、紀伊國屋書店のKinoDen、日本電子図書館サービス（JDLS）のLibrariE、OverDriveJapanのOverDriveなどがある。単独での展開だけでなく、TRC-DLはLibrariEコンテンツも提供できるなど連携しての事業展開もみられる。大学図書館では、大学図書館コンソーシアム連合（JUSTICE）による電子図書館サービスは、学術書を中心に共同で提供している事例がある。

電子書籍の発行

　電子書籍のファイル形式としてはPDFやEPUBがよく用いられている。

　PDFは、多種多様なアプリケーションで作成でき、パソコン環境にも依存しないため、出版物の電子化フォーマットとして広く用いられてきた。個人がおこなう「自炊（電子書籍）」[12]にもPDFが用いられることが多い。PDFはテキスト埋め込みなどの拡張された機能もあるが、基本的には制作時のサイズやレイアウトのままで利用される。Microsoft社のOfficeシリーズの各

形式のファイルから簡単に変換して作ることができる。さらに高機能のPDF作成ソフトもいくつも販売されているので、作成しやすいという利点がある。

　一方、EPUBはpubとも称され、アメリカの電子書籍標準化団体IDPFが推進するXMLベースのオープン規格で、アメリカなど英語圏での電子書籍用ファイルの標準規格として広く利用されている。ISOから国際規格ISO/IEC 23736（2020年）として認定を受けていて、電子書籍のファイルの標準的形式になっている。XHTMLと同じ特徴をもち、ダウンロード配信を前提にしているため、使用する機器の画面の大きさに合わせて表示を調整するリフロー機能を備えている。つまり、閲覧に使用する機器を選ばず、画面サイズが変わっても大きな支障をきたさない。

　EPUB形式のファイルを作るには、テキストと画像を準備し、若干のCSSの知識を必要とするため、ワープロファイルから変換できるPDFに比べると難易度が高いといわれていたが、機能性が高い作成用アプリケーションや各種のテンプレートが準備されていて、専門的知識は必要としなくなっている。

　これまで、図書館報・図書館便りなどをウェブに公開する際には、主にPDFで作られることが多かった。印刷物はWordで作成し、その後Wordの機能でPDFに変換してウェブに公開するという流れは簡単で理解しやすい。しかし、PDFは閲覧端末の画面サイズに柔軟に対応できないという欠点をもつ。仮にCSSであれば対応が可能であるうえに、印刷用のフォーマットを別途準備することもできる。利用者にとってEPUB形式の電子書籍は閲覧や検索に一定の利点があり、図書館が最新の技術を取り入れていることをアピールする効果も期待できる。

　しかしEPUB形式には電子書籍専用端末やスマートフォン、パソコンなどの電子書籍リーダーが必要であり、すべての利用者が閲覧できるわけではないという欠点がある。そのため、いますぐに全面的に乗り換えることはできないが、将来的にはEPUB形式の電子書籍による図書館報・図書館便りを公開することを検討するべき時期にきているのではないだろうか。

6　電子ペーパー

電子ペーパーとは何か

　液晶ディスプレイと異なり、紙のような見た目と読み心地を実現したディスプレイである。バックライトのため目に優しい、消費電力が少ない、薄いなどの特徴をもち、近年図書館の電子書籍端末として導入が始まっている。「電子ペーパーコンソーシアム」の用語集によると、電子ペーパーは「ハードコピー（印刷物による表示）とソフトコピー（電子ディスプレイによる表示）の機能のそれぞれの長所を併せ持つ第三のヒューマンインターフェースの総称。特に、"読む"という行為をストレスなく可能にすることを大きな達成目標のひとつとした新しい電子メディアの概念」[13]をいう。

　電子ペーパーにはイーインク社（EInk Holdings inc.）が開発した電気泳動方式のほかに数種類の方式がある。現行は白黒表示が主流であり、反応速度が遅い、価格が高いという欠点をもつが、急速に進展している分野であり、近い将来には問題点が解決される見込みである。

現行の商品

　電子ペーパーは文房具として電子メモパッド・電子ノート、液晶に変わるものとして電子ペーパー搭載型タブレットパソコンや電子書籍リーダー、電子ペーパーディスプレイ、デジタルサイネージ、運行表示用として駅構内やバス停留所で、ICカード、また楽譜など広範囲に用いられている。気づきにくいものとしては、コンビニの電子ペーパー商品棚（価格札）にも利用されている。

　電子書籍リーダーとしては、Amazon社のE Inkディスプレイ搭載のKindleシリーズやRakutenKobo社のKoboシリーズなどがある。

　Androidタブレットパソコンとしては、OnyX社のBOOXシリーズがある。電子ペーパー部分は目に優しいディスプレイとして、あるいは紙と同等の書き味をもつ入力機器としての両面で作動する。

電子ペーパーの可能性

　2022年ごろからカラー表示の製品が実用域に入り、現在は白黒表示とカラー表示の製品が入り交じっている。安価な白黒表示は小説やマンガなどの読書に、やや高価なカラー表示は雑誌やウェブの閲覧に適している。

　電子書籍リーダーとしては安定して利用できる性能と思われる。しかし、液晶と異なりリフレッシュレートが遅く、ちらつきが発生しがちなため、一般的なタブレットとしての利用には難がある。急速に性能が向上しているとはいうものの、現時点では動画視聴は実用にいたっていない。

　現状は特定のユーザー向きの製品の位置づけだが、今後の発展が期待される。目に優しいという特徴は読書利用にとってほかに代えがたい利点であり、子どもから高齢者までの幅広い利用者のことを考えると、図書館での利用の拡大が期待される。特に発達段階にある利用者を抱える学校図書館では、目を離すことができない機器である。

注

(1) 総務省「デジタルアーカイブの構築・連携のためのガイドライン」2012年3月26日（https://www.soumu.go.jp/main_content/000153595.pdf）［2024年6月9日アクセス］
(2) 同ウェブサイト
(3) 上田市「デジタルアーカイブの意義」「上田市デジタルアーカイブポータルサイト」（http://museum.umic.jp/portal/about/）［2024年6月9日アクセス］
(4) 国土地理院「立体地図（地理院地図3D・触地図）」（http://cyberjapandata.gsi.go.jp/3d/）［2024年6月9日アクセス］
(5) IT総合戦略本部「重点計画―2006」2006年7月26日（https://warp.ndl.go.jp/info:ndljp/pid/1014096/www.maff.go.jp/j/kanbo/joho/it/pdf/2006_keikaku.pdf）［2024年10月6日アクセス］
(6) 国立国会図書館七十年記念館史資料編「国立国会図書館東日本大震災アーカイブ基盤構築プロジェクトの基本的な方針」2012年5月1日（https://dl.ndl.go.jp/view/prepareDownload?itemId=info%3Andljp%2Fpid%2F11967733&contentNo=20）［2024年6月9日アクセス］

(7)「国立国会図書館 東日本大震災アーカイブひなぎく」(http://kn.ndl.go.jp)［2024年6月9日アクセス］
(8) 知的財産戦略本部「報告書 デジタルアーカイブの連携に関する関係省庁等連絡会、実務者協議会」2017年 (https://www.kantei.go.jp/jp/singi/titeki2/digitalarchive_kyougikai/index.html)［2024年6月9日アクセス］
(9) 国立公文書館「准認証アーキビストについて」(https://www.archives.go.jp/ninsho/aboutAACJ/index.html)［2024年6月9日アクセス］
(10) オープンアクセスリポジトリ推進協会「オープンアクセスリポジトリ推進協会の概要」(https://jpcoar.repo.nii.ac.jp/page/38)［2024年6月14日アクセス］
(11) 一般社団法人電子出版製作・流通協議会「電流協、電子図書館サービスを導入している公共図書館情報を更新」2023年2月8日 (https://aebs.or.jp/pdf/E-library_introduction_press_release20230208.pdf)［2024年6月9日アクセス］
(12)「電子書籍の自炊」とは、自ら所有する書籍や雑誌をイメージスキャナーなどを使ってデジタルデータに変換する行為を指す。これを代行することを自炊代行サービスという。
(13) 電子ペーパーコンソーシアム「用語集」(https://epaper.jbmia.or.jp/category/words/index.html)［2024年5月30日アクセス］

第9章　図書館の広報活動と情報発信の基礎

1　図書館のウェブサイト構築の事情

ウェブサイト構築の環境

　1990年代なかごろ、日本の図書館はウェブサイトを開設しはじめた。それから4半世紀が経過し、いまやウェブサイトをもたない図書館は少数派だろう。
　しかし、そのウェブサイト構築の実態には、位置づけや制作方法、利用者によって様々なパターンがある。

図書館のウェブサイトの位置づけ

　まず、サイト全体からみてどのような位置づけにあるのかについては、図書館独自の独立サイト、自治体のウェブサイトの一部にあたる関連組織全体のコンテンツとしてのサイト、図書館システムのオプション機能で作られたOPACへの入り口としての機能を期待されたサイトなどのパターンが考えられる。

制作者と方法

　ウェブ制作の実作業について考えると、ウェブ制作業者に発注する、図書館職員が作成する、情報セクションなど関連部署に作成を依頼するなど様々なパターンがあり、その際にどの程度図書館が関わることができて、どの程

度コンテンツに図書館の意見が反映されるのかも、事情によって異なる。また、作成は、Adobe社のDreamweaverやジャストシステム社のホームページビルダーなどのウェブ作成ソフトを利用するか、オープンソースのWordPressやMovable TypeのようなCMS（Content Management System）を使用して作成する方法もある。なお、CMSには、完成後の更新が容易というメリットがある。

ウェブの利用者

　ウェブの利用者についても、年齢、性別、距離、社会的身分、また図書館利用能力（経験）やIT・インターネット利用能力が大きく異なり、その来訪目的も、OPACで資料を検索したい、開館カレンダーや利用冊数・貸出日数を確認したい、駐車場やバスの経路などアクセスを知りたい、デジタルアーカイブを閲覧したい、イベントの開催予定に興味があるなど多様である。
　もちろん、図書館種や館の規模、サービスの対象者によってウェブサイト開設の目的をどのように設定するのかなどを最初に検討しておく必要がある。

見えない利用者

　図書館の広報活動では、ウェブやSNSは「見えない利用者（潜在的利用者）にも効果的なツールである」ということを忘れてはならない。図書館に興味を示さない人たちを、非利用者としてサービス対象外ととらえるべきではなく、いまだ利用にいたらないだけの明日の利用者と考えるべきである。彼らは何を期待し、何に失望しているのか、どのようなサービスを提供すべきなのかを考えていく必要がある。そしてウェブやSNSは潜在的利用者へのアピール手段として従来のツールよりも有用な面があること、つまりこれまで届かなかった人々に届けられる可能性が生まれた点に着目することが重要である。
　前述のようにインターネットの利用者は様々であり、それぞれに向けて提供すべき情報が異なる。見えない利用者に向けた情報提供や広報を、ウェブサイトのデザインやコンテンツにどのように反映させていくのかを十分に検討する必要がある。

2　広報の理解

広報の定義

　広報はパブリックリレーションズ（Public Relations）の和訳であり、PRと略される。従来はいわゆる「お知らせ広報」のような狭い意味で広報が理解されていたが、本来の広報とはより広い意味をもち、広報（広く知らせる）と広聴（広く聞く）を合わせた概念である。現在は、自らの組織と公衆の双方の利益のために、相互理解の場とツールを構築・維持し、より積極的に戦略的な目標の実現を目指すことであり、そのための各種活動を伴うものであると理解されている。

　以下に、日本パブリックリレーションズ協会による用語の説明を引用する。

> 　二〇二三年六月に、日本広報学会では、次のような「広報」の定義を発表した。
> 「組織や個人が、目的達成や課題解決のために、多様なステークホルダーとの双方向コミュニケーションによって、社会的に望ましい関係を構築・維持する経営機能である。」
> つまり広報・パブリックリレーションズは、"関係性の構築・維持のマネジメント"である。企業・行政機関など、さまざまな社会的組織がステークホルダー（利害関係者）と双方向のコミュニケーションを行い、組織内に情報をフィードバックして自己修正を図りつつ、良い関係を構築し、継続していくマネジメントだといえる。
> 企業を取り巻くステークホルダーには、消費者、株主・投資家、従業員のほか、行政機関や金融機関、地域住民や取引先などがある。消費者への製品情報から従業員向けの社内広報、株主・投資家向けのIR（Investor Relations）まで、さまざまなステークホルダーと情報を共有し、相互の信頼関係を構築することが求められているのである。[1]

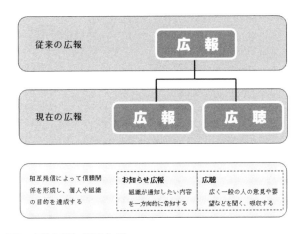

図7　広報の意味（筆者作成）

なお、広告業界の一部では、「広告＝お金を払って自社の宣伝を載せる」「広報（PR）＝メディアの興味や関心を引きやすい情報を発信し無料で掲載されること」という解釈をしているが、ここでは採用しない。

ステークホルダー

先に述べたように、現代の広報は、これまで使われてきた広報と広聴の2つの側面をもっている。

1940年代後半から最近までわが国で理解されてきた広報とは、個人や企業・自治体などの組織が公衆（市民）にはたらきかけることによって、全体の共通意識や行動に影響を与え、その考え方や理念、目的、活動などを一方的に告知し、広めることを目的におこなう活動を指していた。

これに対して本来の意味は、個人・組織とそれを取り巻くステークホルダー（Stakeholder＝組織を取り巻く人々、利害関係者）との間に良好で健全な相互信頼関係を作り影響しあうことによって、最終的に個人や組織の目的を達成する行為である。それには組織内の人々も含まれていて、組織内での意思の共有化や発展を目指す活動も広報活動と理解されている。

行政組織の広報でのステークホルダーには、地域住民や児童・生徒・学生

第9章　図書館の広報活動と情報発信の基礎　　109

(登録利用者に未登録者を含めて考える)を中心に、設置主体・経営組織、関連省庁、議会、図書館職員、近隣の企業、NPO、NGO、マスコミ、図書館類縁機関などが挙げられる。

広報活動を実施するにあたっては、組織内の共通理解が大変に重要である。「自分たちは何を目標として、何をおこなおうとしているのか」が組織内で共有されていないと、外部の理解を得ることはできない。一人ひとりの振る舞いや発言が場当たり的なものであっては、ステークホルダーの信用を損ない、相互に協力しあえるような関係を構築することはできない。少なくとも外に向かっては組織の「全員が同じ方向を向く」ことが、何よりも説得力を生むPR活動になる。

3　ウェブとSNSによる広報の特質

ウェブによる広報

ウェブによる広報の特質としては、すでに本章第1節でターゲットユーザーの多様性や利用環境、目的の差異の大きさ、見えない利用者への有効性などがあることを述べた。ほかにもコンテンツのパターンには更新が少ない静的なものと情報が活発に更新される動的なものがあることや、ウェブサイトには広報と情報源へのポータルツールとしての2つの側面があること、SNSとハブユーザー、評価(効果測定)と更新、ウェブサイトでのデザインと機能の両立の必要性など、いくつもの特徴がある。

ウェブサイトのコンテンツのパターンは、ページの作成後に更新されることが少ない静的なコンテンツと、頻繁に更新される動的なコンテンツに大別される。図書館では、前者には利用案内や開館スケジュールなど文章や写真などから構成されているHTMLベースのページ、後者にはお知らせ、OPACや掲示板、メールマガジン、ブログなどがある。これまでは電子図書館的機能のうち動画や音楽などの配信系サービスを中・小規模の図書館で実施している事例は少なかったが、大手配信サービスが図書館向け商品を準備するようになりつつある。

これらのページごと、あるいは情報ごとに異なる性質を理解して、サイト構成や更新頻度を決定していくことになる。

　図書館のウェブがもつ特質としてもう一つ取り上げたいのが、広報手段とツールの2つの側面についてである。告知内容の伝達手段（図書館側）と利用者が主体的に操作するOPACやオンラインデータベースなどの情報検索・探索ツール（利用者側）がある。それぞれの特徴をつかんで適切なデザインを用意する必要がある。

SNSの活用

　さらに最近ではメールマガジンやブログ、「X」「Facebook」など、広報機能はもとより広聴機能の実現に欠かせないコミュニケーション機能が加わってきている。

　なかでもSNSは、口コミを中心としたコミュニティー型のウェブサービスで、新しい人間関係を築く場や手段として人気があり、図書館の広報手段としても欠かすことができない。

4　ウェブユニバーサルデザイン

ウェブユニバーサルデザイン

　2000年を過ぎたころからウェブ利用の一般化とそれに伴うウェブ利用者の多様化、ウェブサイトの肥大化と複雑化、提供を望まれている情報やサービスの高機能化などの理由から、デザインやサイトの構造、適切なナビゲーションなど、より利用しやすいウェブサイトが望まれるようになってきた。そのために導入された考え方が、ウェブユニバーサルデザイン（Web Universal Design）である。

　国内外で多くの情報・教育システムを手がけている内田洋行は、ユニバーサルデザインを「あらゆる人〜男性も女性も、障害のある人もない人も、外国人も妊産婦も、子どもも高齢者も〜にとって使いやすいように製品、建物、環境をデザインすることです。バリアフリーよりも広義で、特定の人のため

の特定のデザインではなく、はじめから多くの人が使いやすいことを考慮し、デザインされるべきであるという考えです」と説明している。

ウェブアクセシビリティとウェブユーザビリティ

　ウェブユニバーサルデザインは、ウェブアクセシビリティ（Web Accessibility）とウェブユーザビリティ（Web Usability）の2つの考え方から成り立っている。アクセシビリティは、どのような来訪者であってもウェブサイトを利用することができるかという「利用の可能性」を向上させる考え方であり、ユーザビリティは、どれだけ心地よく、速やかに求めている情報を得られるかという「使いやすさ」や「操作性」を向上させようとする考え方である。

　わが国に広まった直後には、「デザインが劣化するので、最低限度を押さえておけば十分」とか「圧倒的に多数を占める一般の利用者に対応するためにユーザビリティを充実させ、余裕があればアクセシビリティを考慮する」とか「ウェブ上で双方を両立させるのは困難なため、どちらかに比重を置くしかない」など様々な意見があった。

　現在では、ウェブユニバーサルデザインは、アクセシビリティを基盤としてユーザビリティの向上を目指すものと考えられている。アクセシビリティとユーザビリティは並列する関係ではなく、まずすべてのユーザーがウェブサイトを利用できるようにアクセシビリティを確保して情報にアクセスできる環境を整え、そのうえでユーザビリティを向上させて各ユーザーが快適に、効率よく、結果に満足できるようにするという考え方である。以前はユーザビリティ向上のためと考えられていた手法のいくつかについては、現在はアクセシビリティ向上のための手法として理解されるようになってきている。デジタルアーカイブをはじめとしてウェブサイトから提供される情報資源が注目されているが、そもそもウェブサイトにアクセスできなければ、それらは意味をなさないのである。

　また、2016年には、国連の「障害者の権利に関する条約」の締結に向けた国内法制度の整備の一環として、「障害を理由とする差別の解消の推進に関する法律」（いわゆる障害者差別解消法）が施行された。この法律は「不当

な差別の禁止」と「合理的配慮の提供」の2つのポイントから構成されている。この2つを内閣府のウェブサイト「障害を理由とする差別の解消の推進に関する法律についてのよくあるご質問と回答〈国民向け〉」のQ2とQ3で確認してみると、次のような内容であることがわかる。

・不当な差別的取り扱い
　障害を理由として、正当な理由なく、サービスの提供を拒否したり、制限したり、条件を付けたりするような行為。
・合理的配慮
　障害のある方が日常生活や社会生活で受けるさまざまな制限をもたらす原因になる社会的障壁を取り除くために、障害のある方に対して、個別の状況に応じて行われる配慮。[3]

　同法は2021年5月に改正され、24年4月1日から施行された。この改正では、「障害を理由とする差別の解消の一層の推進を図るため、事業者に対し社会的障壁の除去の実施について必要かつ合理的な配慮をすることを義務付けるとともに、行政機関相互間の連携の強化を図るほか、障害を理由とする差別を解消するための支援措置を強化する措置を講ずる」ことを目的としている。
　当然のことながら図書館のウェブサイトも不当な差別的取り扱いをしてはならず、合理的な配慮を求められることになる。つまり、ウェブユニバーサルデザインに関して一層の注意が求められている。

ウェブコンテンツJIS

　ウェブアクセシビリティに関しての公的な規格には、日本工業規格（JIS）[4]として策定された通称「ウェブコンテンツ JIS」、正式な名称は日本工業規格 JIS X 8341-3「高齢者・障害者等配慮設計指針―情報通信における機器、ソフトウエア及びサービス第3部：ウェブコンテンツ」がある。初版 JIS X 834132004が2004年6月に制定され、改訂版の JIS X 8341-3:2010が10年8月に、3訂版にあたる JIS X 834132016が16年3月に制定された。
　配慮を必要とする対象者は、障害者や高齢者、低年齢児童・生徒、ウェブ

の利用に困難を伴う者、IT弱者、日本語を母国語としない者などきわめて多岐にわたっている。

　2010年版は、達成目標やレベルが明確化され、ガイドラインの作成と公開が要求されるなど継続的・段階的に向上することが求められていて、具体的であり実務的になった。2016年版では、対応する国際規格であるISO/IEC 40500:2012（W3C勧告「WCAG2.0」）と内容がより一致し、用語の日本語訳が見直された。また、「附属書（参考）JA」と「JB」が付け加えられた。

基本的なチェック項目

　ウェブアクセシビリティのチェック項目の一例として画像使用上の配慮を取り上げてみると、画像にはAlt属性を用いた代替テキストを用意すること、代替テキストはわかりやすい表現であること、色で表現したナビゲーション（例「赤字は必須記入項目です」など）は説明文や代替手段を用意すること、リンクやアイコンをクリックした際にジャンプ先や挙動を適切に予想できること、読み上げソフトの拾い読み機能や拡大表示ソフト・機能に対応すること、などが挙げられる。また、文章は簡潔に、画面はシンプルに、文章の構造化も必要である。

　ウェブユーザビリティの一般的なチェック項目の一部をウェブサイトのトップページを例に説明すると、ウェブサイトの目的が明確に伝わるか、ウェブサイトの全体像が把握できるか、デザインは全体として統一されているか、ページ構成や順序は適切か、情報は予想されるページに配置されているか、使い勝手がいいナビゲーションを用意しているか、操作後に予想どおりの正しい反応をするかなど多くのポイントがある。

　これらの多くは制作時や、大がかりな更新時に注意すべき点である。外部に発注する場合は、明確に指示することが重要になる。

　さらにウェブサイトの完成後の日常的なコンテンツの更新作業で注意すべきこととしては、掲載しようとしているのは求められている情報なのか、誰にとっても読みやすくわかりやすい表現を用いているか、公共に対して不適切な内容・表現になっていないか、ウェブサイトの構造と利用者の探索行動がマッチしているか、画像にAlt属性の記述を忘れていないか、ナビゲーシ

ョンに不適切な配色を用いていないか、著作権やプライバシーに配慮してあるか、などを挙げることができる。

5　ウェブサイトの評価(効果測定)

ウェブサイトの評価

　ウェブサイトの評価(効果測定)と更新は重要である。ウェブサイトの最初のバージョンは、制作者の予測に基づいて作られる。そのため、来訪者(利用者)との意識の間には隔たりが生じることがある。運営者(制作者)は、「利用者はこのような情報を必要としている」「このような経路(順序)でこのページにたどり着く」「最低限この程度は理解できるはず」というふうに経験や観察に基づいて予測を立てている。しかし、実際には利用者との間に差異が生じるため、予測だけで利用しやすいウェブサイトができあがるとはいえない。

　ウェブサイトの公開後に効果測定と分析を継続しておこなうことによって、本当に必要とされているコンテンツや適切なページ構成、わかりやすい表現がみえてくるものである。測定ではログ(log)と呼ばれるウェブサーバーが記録する様々な情報を分析する。アクセス解析とは、アクセスログを調査・分析することを指す。無料であり、解説本や解説サイトも多いことから、「Google Analytics」(グーグル・アナリティクス)がよく用いられている。

　ログは、そのままでは素人にはよくわからない数値と記号の羅列であり、アクセス解析サービスやソフトを利用して、集計・分析、加工して使いやすく処理する。解析サービスやソフトは無償や有償、解析の精度の違いなど多くの種類があるため、適切なものを選んで使用する。

ウェブマーケティング解析

　次に、ウェブサイトの評価のためによく用いられているウェブマーケティング解析のポイントをいくつか解説しよう。図書館のウェブサイトの効果測定で把握したいこととして、次の点を挙げることができる。

第9章　図書館の広報活動と情報発信の基礎——115

- どのページに人気があるのか、人気がないのはどこなのか。
- ウェブサイトの訪問者数や一人あたり何ページを見ているのか。
- どのページをどれくらいの時間見ていたのか。
- サイトの訪問者数が多い曜日、時間はいつごろなのか。
- どこのサイトのリンクからきているのか。
- 検索エンジンからきたのか。その際に使用したキーワードは何か。
- 訪問者が退去しているページはどこなのか。

　一般的なウェブサイトでは、ウェブサイト内のページが見られた総数を指すページビュー数（PV）、特定ページに一日あたり何人の来訪者がきていたのかについての実数を指すユニークユーザー数（UU）、新規ユニークユーザー数は一定期間内の再訪問者であり訪問間隔や頻度を知ることができる。そのほか、リピーター（再来訪者数）、やコンバージョン（目標達成）の達成率などを評価基準として利用する。また、リファラーは当ウェブサイトに来訪する直前に見ていたページを分析するものである。「参照元」や「リンク元」とも呼び、アクセス数向上のための分析に役立つ。

図書館ウェブの特色

　ウェブサイトのカテゴリーや運用目的によって"成功"といえる基準は異なるため、それに応じた評価基準を設けることが必要とされるが、図書館は営利を目的としておらず、何をもって"成功"したウェブサイトと位置づけるかが明確ではない。そのため、一般的なアクセス統計や分析手法が利用しづらい。

　例えば、図書館のウェブサイトはコンバージョンが明確ではない。一般企業のサイトやウェブショッピングサイトなどでは、ウェブサイトの最終成果となるコンバージョンの達成数を重視する。ショッピングサイトであれば商品の購入であり、サイトによっては資料請求や会員登録、アンケートの回答、イベント参加の申し込みなど様々である。コンバージョンの達成数は、ウェブサイトのマーケティングや評価のためには欠かせない重要な指標だが、図

書館のように非営利の活動であり、ウェブサイトの訪問目的が多様な場合は、単一の数値としては把握しづらい。

　図書館のコンバージョン対象としてのページは下記を挙げることができる。

・OPAC（蔵書貸出につながる検索として）
・利用案内・ガイド（開館時間、貸出冊数・期間、利用者登録の方法など）
・地図・交通案内（図書館へのアクセス、駐車場、バス停や路線など）
・電子資料の閲覧、オンラインデータベースの利用、電子書籍の貸出
・イベント情報、オンラインアンケートなど臨時のお知らせ

　そのほかにも様々なパターンが考えられる。このようにコンバージョンの評価をアクセス解析ツールや広告効果測定ツールだけに頼るというわけにはいかず、何がコンバージョンページなのか、そもそも何を目的としているサイトなのかを根源から考える必要がある。

　また、図書館のウェブサイトはターゲットユーザー層（利用者）が非常に広く、的を絞れず優先順位も付けづらい。利用者によって目的は多様であり、同じサイトであっても使い方が変わると、同じ評価にはならない場合もありうる。

　このように図書館のウェブサイトの効果測定は単純ではなく、アクセス解析だけで評価をおこなうことは難しい。

　専門家に依頼しておこなう方法には、ヒューリスティック評価や認知的ウォークスルー、ユーザビリティテスト（ユーザーテスト）などがあるが、いずれも費用がかかり、頻繁におこなうわけにはいかない。

　実施しやすく有効な手段としては、アクセス解析などに加えてアンケート調査をおこなうことが挙げられる。実施する際には図書館活動全般としての満足度調査に、ウェブサイトに関しての質問項目を織り交ぜて実施することが有効と考えられる。

6　SNSとハブユーザー

ハブユーザー

　インターネットに限るわけではないが、コミュニティーには常日頃から積極的に発言したり行動したりして、周りの人々から信頼を得ていて、彼らに届いた情報がそのコミュニティー全体に広まっていくようなコミュニティーのハブになる人物が存在する。井戸端会議の中心人物である。ハブになる人に届いた情報は、周辺にそのまま拡散していくわけではなく、コミュニティーに存在するブログや「X」「Facebook」のようなSNSを経由して、別な視点からの情報や意見、感想が加わり、コミュニティーの共通理解として成長していく。また、ハブにはそのコミュニティーから広く情報が集まってくるため、広聴活動でも重要な交差点（ポイント）になる。そのポイントに対して、図書館は本を読む、本を利用する場というだけではなく、イベントや各種のサービスがあること、具体的にはお話会や展示会、ブックリサイクル、ビジネス支援、子育て支援、健康情報の提供、学校やほかの生涯学習機関との連携などをアピールしていく。その情報がSNSで「知り合いのリアルな経験情報」として認知され、広まっていくことになる。

　また、図書館そのものもコミュニティーを形成している。図書館関係者と利用者、利用者相互、両方にまたがる図書館ボランティア、そのコミュニケーションの輪は図書館とは別のコミュニティーにつながっていて、そこに拡散していくことが期待できる。

各SNSの特徴と使い分け

　SNSでは、ブログは丁寧に書き上げた情報の提示に向いていること、早くから普及したこともあって広く使われている。また、ブラウザさえ使えれば閲覧できるため、メールマガジンと同様にインターネットを頻繁に使わない層にも心理的・技術的な垣根は低めで、公共図書館では生き残ると考えられる。「X」は、日常的な細かい情報を比較的短い間隔で発信できるため、

伝搬速度がきわめて速く、たわいもない発言も含むが、継続して発信しつづけることによって読者を確保できる。「Facebook」は、インターネットや図書館を頻繁に活用している層向けといわれている。「LINE」はSNSでは圧倒的な利用率があり、やや狭い範囲での手軽な連絡に便利である。学校や幼稚園、保育園などでは、学校などからの一斉の連絡はメーリングリストやメールの同報送信（別途オフィシャルサイトでの掲示）、仲がいい保護者同士では「LINE」で連絡を取り合うというように使い分けられている。最近では保護者間の連絡は「LINE」に置き換わりつつある。メールは公的性格が強い連絡に用いられている傾向がみられる。SNS系の連絡手段は、図書館からの情報発信に利用されるというよりも、図書館ボランティアや愛好会などで会員相互での連絡ツールとして活躍している。「Instagram」は画像の貼り付けが当然視されていることもあって、プライバシーや著作権の処理上の問題から、図書館としては画像が使いづらい面がある。

　向き不向きを考慮して適切なものを活用していくことになるが、流行のサイクルは驚くほど早いためSNSのツールは変化するものだと心得ておくべきである。一般的には、公共図書館では移行が難しく、利用者の入れ替わりがはっきりとしている学校図書館では移行しやすいだろう。

注

(1) 駒橋恵子「パブリックリレーションズとは」（「日本パブリックリレーションズ協会」〈https://prsj.or.jp/shiraberu/aboutpr〉）［2024年10月6日アクセス］
(2) 内田洋行「ユニバーサルデザインとは」〈https://www.uchida.co.jp/company/universal/index.html〉［2024年7月7日アクセス］
(3) 内閣府「障害を理由とする差別の解消の推進に関する法律についてのよくあるご質問と回答〈国民向け〉」〈https://www8.cao.go.jp/shougai/suishin/law_h25-65_qa_kokumin.html〉［2024年6月9日アクセス］
(4) 経済産業省「JIS法」〈https://www.meti.go.jp/policy/economy/hyojun-kijun/jisho/jis.html〉［2024年10月6日アクセス］

第10章　情報技術と利用者サービス

1　デジタルレファレンスサービス

デジタルレファレンスサービス（Digital Reference Service）

　デジタルレファレンスサービスとは、レファレンスをメールやウェブ上のフォーム、チャットから受け付けるサービスのことである。わざわざ来館しなくても利用できると聞くと遠隔地の利用者を想定しがちだが、近くの利用者にとってはレファレンスカウンターで少しだけ勇気を振り絞る必要がなくなることも意味する。もちろん、思い立ったときにレファレンスの手続きを手軽におこなうことが可能になること自体は便利なことだし、多くの利用者に対してレファレンスサービスの有用性を知ってもらう機会にもなることだろう。

　ただし、個人の識別やセキュリティーの確保など、個人情報の管理には細心の注意が必要である。職員としては当然気をつけるべきことではあるが、個人情報を記録したノートパソコンやUSBメモリを持ち出して紛失するおそれはないか、ウェブサーバー上にセキュリティーが低い設定のまま保存してはいないか、業務に使用しているパソコンがランサムウエアなどに感染し、それによって情報流失を起こさないかなど、一層の注意が必要である。

レファレンス事例集

　図書館のウェブサイトには「よくある質問と回答」や「調べかた事例集」

などのスタイルでレファレンス事例集を掲載していることが多くなってきた。なかには、単館あるいは複数の図書館の事例をデータベース化して検索可能になっているものもある。事例の蓄積、掲載する事例の選別など知識と経験が必要になるが、多くの図書館で積極的に取り組んでいる。

　国立国会図書館が全国の図書館などと共同で構築している「レファレンス協同データベース」には、館種ごとのレファレンス事例データや調べ方に関する情報を自館ウェブサイトで公開している図書館などのリンク集が整備されている。[1]

2　SDIサービス

　大学図書館から流行しはじめたSDI（Selective Dissemination of Information）サービスは、利用者の興味に応じてカスタマイズされた最新の文献情報や図書情報を提供する選択的配信サービスである。特許や技術情報、新着図書など情報収集が必要な分野で利用されている。大学図書館では希望するテーマの最新文献情報を定期的に検索してEメールなどで配信するサービスを提供している。一方、公共図書館では、新着図書や雑誌に加えてイベント情報なども選んで提供する「お知らせサービス」をSDIサービスと呼んでいることもあるが、これは本来のSDIの意味とは異なる。大型の公共図書館であればかなりの図書館がおこなっていて、町村立図書館のような小規模館でも実施しているところが増えつつある。地域支援やビジネス支援、また研究支援としての効果があり、多人数を対象としたメールマガジンでは配信されないような、または多くの記事のなかに埋没して見逃してしまうような細かな情報を効率よく取得できるため、現代型の情報発信サービスといえる。また、企業が提供するSDIサービスでは、様々なテーマや条件からオリジナルのサービスをカスタマイズして受けられるものがある。一部の大学図書館では、企業と契約して利用者にサービスを提供している。

3　メールマガジンの活用

メールマガジン（Mail Magazine）とは何か

　メールマガジンは、片方向のメディアである。メルマガ、MM とも呼ばれる。発行元が登録した購読者に定期または不定期にメールで情報を配信するシステムであるために一方的な配信になりがちであり、購読者が発信する場合は管理者にメールで文章を送って掲載を依頼する投稿形式になる。多くの図書館で稼働中で、2週間から1カ月おきに配信される例が多い。その内容には一般的な記事に加えて、新着図書案内や SDI サービスを含んでいる場合もある。古くから利用されてきたが、メールさえ読めれば利用できる単純さがあり、高齢者を中心に支持されている。高齢者の利用が多い公共図書館では、当分維持されていくものと思われる。

　配信はメール配信ソフトを使用したり、外部の配信システムや代行業者を利用していたが、近年ではクラウド型メール配信サービスも流行している。

　発行が簡単なため、企業や自治体だけでなく個人で発行する例が多くみられ、その内容も、企業の製品情報やニュース記事、話題を絞った読み物、日記（ブログや「X」に移行しつつあるが）など様々である。ただし、安易な方法や意識のままでの発信では、情報流出の事故を起こすこともあるため慎重に運営することが必要である。

　ここまでメールマガジンが広まった理由としては、プロバイダーがオプションサービスとして提供したり、有料・無料の配信システムが多数出現し選択肢が広がったりしたことが考えられる。また、初期にはパソコン通信時代からのユーザーも多く、当時の貧弱な通信環境のなかでも情報を容易に受け取れたことなども、流行の原因と考えられている。

　購読と解約のコントロールからオプトイン（Opt-in）方式とオプトアウト（Opt-out）方式の2つに大別できるが、図書館が配信する場合は、配信を希望する利用者が図書館にメールアドレスを登録するオプトイン方式が適当である。[2]一般的にバックナンバー（過去の記事）はウェブサイト上に公開され、

非購読者でも読むことができる。

図書館のメールマガジン

　図書館のメールマガジンの例としては、日本図書館協会が継続して発行していて、2024年6月26日には第1188号が発行されている(3)。公共図書館では、臨時の開館日時や休館や工事などのお知らせ、新着図書案内、各種のイベント情報、連載記事、地域情報などを登録した利用者に宛てて定期的に送信している事例が多い。

　このようにメールマガジンは、早い時期から現在まで多くの図書館で提供されてきた。しかし、配信方法や情報管理に適切さを欠くと情報流出事故につながりかねないため、慎重におこなうことが望ましい。事故の多くは前述のような専用アプリケーションやシステム、代行業者を活用することで回避できるだろう。

4　デジタルサイネージ

デジタルサイネージ（Digital Signage）とは何か

　デジタルサイネージとは、店や施設、公共施設、交通機関などの屋内や野外に設置されたネットワークに接続したディスプレイを利用した電子的な情報発信システムを指す。渋谷のスクランブル交差点の4台の街頭ビジョンが有名だが、様々な場所で多様なサイズのデジタルサイネージが急速に普及しつつある。

　大型ディスプレイの価格が全体的に下がってきたことと、有線・無線のLANが張り巡らされたことによって、テレビ、パソコン、スマートフォンに次ぐ広報メディアとして注目されている。店舗のカウンター上やバスの停留所の看板、電車など公共交通機関の車内で見かける10インチ（約25センチ）前後の小型の製品から、東京ミッドタウン日比谷や六本木ヒルズに設置されている横幅数百メートルのものまで各種のサイズのディスプレイが利用されている。表示方式としては、プラズマディスプレイ（PDP）、液晶ディ

スプレイ（LCD）、蛍光表示管（VFD）、映像プロジェクターなどが主に用いられる。

エリアターゲティング

　デジタルサイネージは、テレビの CM のように不特定多数を対象に流すのではなく、設置のエリアに合わせてターゲットを設定し、特定の相手に効果的なメッセージを届けることが可能なエリアターゲティング広報に向いている。また、ポスターなど静的なメッセージに比べると注目を集めやすい。さらにネットワークに対応している場合は情報の更新がしやすく、最新情報を提供できる。

　商業用途の広告や販促ツール以外では、ホテルのコンシェルジェや病院の案内、駅や空港での案内・情報掲示などで利用されている。また、地震などの緊急時には公共空間で正確な情報を迅速に提供するなど、様々な利用が始まっている。公共空間や学校、企業内で人と人をつなぐコミュニケーションツールとして、これまでメモの掲示でおこなっていた「不用品あげます・ください掲示板」のような活用事例も増えている。

　学校教育機関や生涯学習施設では、教室・ロビー・学習室・閲覧席・コンピュータ端末などで利用できる空席や予約の状況の表示ツールとして、また図書館ではネットニュースのコンテンツや書評、新着情報を表示するなど情報収集や読書支援としての活用が見込まれている。

5　eラーニング

eラーニング（e-learning）とは何か

　インターネットを利用した遠隔教育がeラーニングである。学習管理システムとして後述の LMS を用いて実施される。自分のレベルや習熟度に合わせてスキップや繰り返しが可能であり、また時間や場所に左右されることなく学習者の都合に合わせておこなうことができ、アメリカでは、初等・中等・高等教育のあらゆる段階でeラーニングを活用している。日本では、大

学や生涯学習関連施設で広く用いられている。今後は、学校図書館での利用指導のオンライン提供としての利用も考えられる。eラーニングを日本語で表記する際には、先頭の"e"は小文字のアルファベットで表記する。

LMS（Learning Management System）

　LMSは1990年代に出現したeラーニングを実現するうえで不可欠な学習管理システムのことである。配信またはログインなどの「受講者や教材の管理」、受講状況、成績などの「学習進捗の管理」を総合的におこなう。近年、クラウド型のLMSが登場していて、管理の手軽さから利用が広がっている。大学、学校、企業内教育、試験・検定対策、生涯学習など多様な利用場面がある。受講生の人数やスマートフォン・タブレットでの利用ができるかどうかやコンテンツごとの学習時間、対面指導の有無などの違いによって、国内で利用できるシステムは50種類以上ある。ほかにも大学などが独自に開発しているものもある。

6　ムーク

ムーク（Massive Open Online Course）の流行

　ムークは、2010年前後に始まった大規模なオンライン講義のことで、世界中の大学などの教育機関でおこなわれている新しい形態のeラーニングであり、オープンな教育形式として位置づけられている。スタンフォード大学やプリンストン大学、ミシガン大学、国内では東京大学などが多様なビデオ講義を設け、多数の受講生を生み出している。原則として無料で誰でも受講することができ、教材や資料も公開している例もあるが、基本的に大学の単位は取得できない。残念ながら、日本は他国に比べてこの分野でやや遅れているといわれている。なお、ムークでは、ほとんどが無料で受講できるが、一部有料のプログラムもある。また認定に必要な条件を満たして修了証を取得する場合には、手数料が必要なことがある。

ムークと学習の継続

　ムークは、いつでも誰でも自由に学習することができるが、その自由さが逆に学習の継続を難しくする。有償の学習プログラムの場合は「途中でやめてしまってはお金がもったいない」と考える受講生は多いだろうが、ムークは無料であるために学習の断片化が起きやすく、体系的な理解を得られない学習者もいるだろう。だが、進捗状況を管理し、ときには励ましやアドバイスを受けられる支援があれば、モチベーションが低下しても学習を続けることができるかもしれない。

　アメリカでは、図書館職員がファシリテータとしてムーク受講者の学習を支援する試みが始まっていて、わが国でも実践例がみられる。集団での学習の場として公民館をイメージする人もいるだろうが、図書館も学習の場を提供する機能をもっていて、何よりも豊富な資料が手近に存在する点は長所になりうる。ムークを活用した学習サークルの育成を支援し、学習の継続を向上させる活動が図書館に求められているのではないだろうか。

注

（1）国立国会図書館「レファレンス協同データベース」（http://crd.ndl.go.jp/reference/）［2024年6月9日アクセス］
（2）オプトインはユーザーの許可を得てメールを送る方式を指し、オプトアウトは断られないかぎりは勝手にメールを送るやり方を指す。
（3）日本図書館協会「JLAメールマガジンバックナンバー」（https://www.jla.or.jp//tabid/262/Default.aspx）［2024年6月9日アクセス］

第11章　知的財産権と著作権

1　知的財産権と著作権

知的財産権(知的所有権)

　知的創造活動をおこなった人に対して創作したものの権利を保障する権利の総称が知的財産権である。わが国では、知的財産基本法で保障されている。2002年末に公布された知的財産基本法の第2条で「知的財産」と「知的財産権」について以下のとおり定義している。

> 第2条　この法律で「知的財産」とは、発明、考案、植物の新品種、意匠、著作物その他の人間の創造的活動により生み出されるもの（発見又は解明がされた自然の法則又は現象であって、産業上の利用可能性があるものを含む。）、商標、商号その他事業活動に用いられる商品又は役務を表示するもの及び営業秘密その他の事業活動に有用な技術上又は営業上の情報をいう。
> 2　この法律で「知的財産権」とは、特許権、実用新案権、育成者権、意匠権、著作権、商標権その他の知的財産に関して法令により定められた権利又は法律上保護される利益に係る権利をいう。[1]

　これを特許権や著作権などの創作の権利に関わる「知的創造物についての権利等」と、商標権や商号などの商業上の権利に関わる「営業上の標識につ

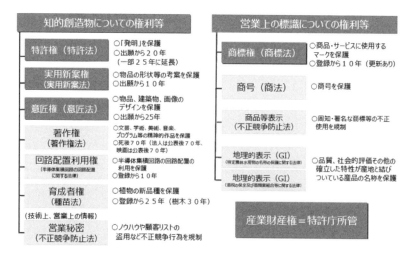

図8　知的財産権について
（出典：特許庁「知的財産権について」〔https://www.jpo.go.jp/system/patent/gaiyo/seidogaiyo/chizai02.html〕〔2024年5月30日アクセス〕）

いての権利等」にまとめると図8のように表すことができる。

　なお、用語としての「知的財産権」と「知的所有権」には大きな違いはないが、法的には「知的財産権」を用いることが多く、権利に財産的な価値が発生し、その保障に関わる場合も「知的財産権」を用いている。

方式主義と無方式主義

　産業財産権にあたる四権は特許庁、回路配置利用権は経済産業省、種苗法に基づく育成者権は農林水産省に登録することによって、それぞれの権利が発生する。このように登録をおこなうことによって発生するタイプを方式主義という。これに対して著作権は、創作した時点で権利が発生し、無方式主義と呼ばれる。なお、著作権には、著作権関係の法律事実を公示する場合や著作権が移転したことを明示する目的で著作権登録制度が設けられている。登録の手続き先は文化庁である。

　また、特許権や著作権などを「知的創造物についての権利」として創作意欲の保護と促進を目的としたもの、商標権や商号などを「営業上の標識につ

いての権利」として使用者の信用の維持に関わるものとして大別することがある。また、特許権、実用新案権、意匠権、商標権と育成者権は、排他的な権利として「絶対的独占権」であり、著作権、回路配置利用権、商号と不正競争防止法上の利益は、「相対的独占権」と分けて考えることもできる。

2　著作権と著作者

著作権とは何か

　著作権とは、著作物などを「知的創造物についての権利」として保障し、創作意欲を保護・促進することを目的としている。ビジネス支援図書館などで産業財産権に関わる資料やレファレンスも増えてきているとはいえ、これまで図書館で主に問題にされてきたのは著作権だった。では、著作権とはどのような権利なのだろうか。

　まず、著作物は、著作権法第2条第1項で、「思想又は感情を創作的に表現したものであって、文芸、学術、美術又は音楽の範囲に属するものをいう」(2)と規定されている。

　具体的には同法第10条に、小説や脚本、論文、講演その他の言語の著作物、音楽の著作物、舞踊または無言劇の著作物、絵画・版画・彫刻その他の美術の著作物、建築の著作物、地図または学術的な性質を有する図面・図表・模型その他の図形の著作物、映画の著作物、写真の著作物、プログラムの著作物を挙げている。なお、類似のものに二次的著作物、編集著作物、データベース著作物があるが、事実の伝達にすぎない報道は著作物にはあたらない。これらの著作物が生まれた際に発生する権利が著作権である。

　また、下記はたとえ著作物であったとしても著作権はない。

・憲法その他の法令（地方公共団体の条例、規則も含む）
・国や地方公共団体または独立行政法人の告示、訓令、通達など
・裁判所の判決、決定、命令など
・上記の3つの翻訳物や編集物で国や地方公共団体または独立行政法人が作

成するもの

つまり、無方式主義ということを合わせて考えると、「思想又は感情を創作的に表現したものがすなわち著作物」ということができる。そのほかの成立要件は重要ではなく、たとえ小学校の授業中に描いた絵であっても思想または感情を創作的に表現したものであれば著作物である。

著作者

この著作物を生み出した者が著作者であり、著作者の権利が著作権である（後述するように財産権としての著作権は他人に譲渡できる）。著作者とは著作物の創作に関与した者をいい、企画やアイデアを出したり提供したり助言をしただけの者、校正者は、著作者ではない。

なお、非常に多数が参加して制作される映画の著作者は、著作権法第16条で次のように規定されている。

> 映画の著作物の著作者は、その映画の著作物において翻案され、又は複製された小説、脚本、音楽その他の著作物の著作者を除き、制作、監督、演出、撮影、美術等を担当してその映画の著作物の全体的形成に創作的に寄与した者とする。(3)

著作者は個人または複数人や会社などの法人に分けられる。複数人による共同制作の場合は、全員が一つの著作物の著作者になる。法人の場合は法人著作（職務著作）と呼ばれ、一定の要件を満たせば認められる。

この要件とは次の4つである。

・法人などの発意に基づくもの
・法人などの業務に従事する者が職務上作成するもの
・法人などが自己の名義で公表するもの
・作成時の契約、勤務規則に別段の定めがないこと

表1　著作者人格権

公表権	公表するか否か、いつどのようにして公表するかを決めることができる権利
氏名表示権	公表する場合に名前を付けるか否か、何という名前で公表するかを決めることができる権利
同一性保持権	タイトルや内容を著作者の意に反して、勝手に変更されない権利

　なお、法人とは人ではなく、法律によって人に代わって権利義務の主体とされるものである。そのため、出版社は法人として著作権をもつことができるのである。

3　著作者人格権と著作財産権

著作者人格権

　著作者に認められた権利は、著作者人格権と著作財産権（狭義の著作権）の2つに大別される。

　著作者人格権は、一言でいえば著作者の"気持ち＝心"を守る権利で、公表権、氏名表示権、同一性保持権の3つがある。

　著作者人格権は、日本では他人に譲ることができない権利で、譲渡したり相続したりすることはできない。このため、著作者＝著作権者である。この考え方を一身専属性という。そのため著作者人格権は著作者の死亡に伴い消失すると考えることもできるが、日本の著作権法では、著作者の死亡・解散のあとであっても著作者人格権の侵害になる行為をしてはならない旨の規定を設け、遺族などに死後の人格的利益の保護のための措置をとる権利を認めている。

著作財産権

　これに対して著作財産権（狭義の著作権）は、その一部または全部を譲渡したり相続したりできる権利である。このため、著作財産権に関しては、著

表2　著作財産権

複製権	印刷などの各種方法により、著作物を複製する権利
上演権・演奏権	公衆に直接見せ、または聞かせるために上演演奏する権利、またはそれらを公に伝達する権利
上映権	公に上映する権利（映画音楽の再生を含む）
公衆送信権	テレビやラジオでの放送、有線放送、インターネットの送信、または送信可能にする権利。自動公衆送信を含む
伝達権	公衆送信される著作物を受信装置を用いて公に伝達する権利
口述権	言語の著作物を公に口述する権利
展示権	美術の著作物またはまだ発行されていない写真の著作物を原作品により公に展示する権利
貸与権	映画の著作物以外の著作物を、複製物の貸与により公衆に提供する権利
譲渡権	原作品または複製物の譲渡により公衆に提供する権利(映画以外)
翻訳権・翻案権	翻訳、編曲、変形、脚色、映画化、小説化、漫画化、その他翻案する権利
二次的著作物の利用権	原著作者が有する二次的著作物の著作者が有するものと同一の種類の権利

表3　著作隣接権

実演家	実演家人格権(公表権、氏名表示権、同一性保持権)、録音権・録画権、放送権・有線放送権、商業用レコードの二次使用料に関わる権利、譲渡権、貸与権、送信可能化権
レコード製作者	複製権、商業用レコードの二次使用料に関わる権利、譲渡権、貸与権、送信可能化権
放送事業者・有線放送事業	複製権(放送、有線放送したもの)、再放送権および再有線放送権、送信可能化権、伝達権

作物が生み出された瞬間は必ず著作者＝著作権者だが、その後は他人が著作権者になっている可能性がある。

4　著作隣接権

　著作隣接権には、著作者人格権に相当する氏名表示権、同一性保持権があり、著作財産権に相当する録音権・録画権、放送権・有線放送権、送信可能化権、商業用レコードの二次使用料に関わる権利、譲渡権、貸与権、再放送権・再有線放送権など、ほぼ著作権者と同様の権利がある。

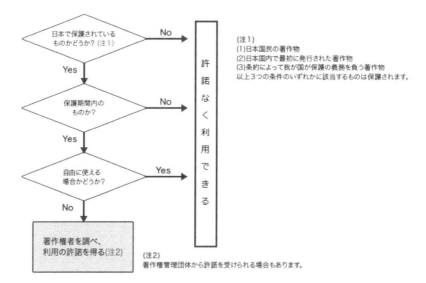

図9　著作物利用の手順
（出典：著作権情報センター〔CRIC〕「著作物を正しく利用するには？」〔https://www.cric.or.jp/qa/hajime/hajime6.html〕〔2024年6月9日アクセス〕）

5　著作物の利用

著作権者の許諾

　著作権は著作者の権利を守るために、そして社会全体の文化の発展のために重要な権利である。著作物を利用するには、著作権が制限を受けている場合以外は、原則として著作権者の許諾を得るか、または法的に利用権を取得する必要がある。その方法としては、出版権の設定、著作権の譲渡がある。
　著作物の利用に関して、著作権者と合意できなかった場合は、文化庁長官の裁定を求める、裁判所による決定を受ける、使用許諾団体を通じて利用権を取得するなどの方法がある。また、公共の利益や著作権利用の例外規定に基づいて利用できる場合もある。

6　著作権の制限と図書館

著作権の制限

　著作物の利用にあたっては、原則として著作権者の許諾を得る必要があるわけだが、著作物などを利用しようとするごとに毎回必ず著作権者の許諾を受け、必要な場合には使用料を支払うとすると、公益的な文化的財産としての性格をもつ著作物の公正かつ円滑な利用ができなくなる危険性がある。あまりに厳格に運用するとかえって、文化の発展を阻害すると理解されている。

　そこで著作権法は、著作物が自由に使える場合を規定している。最もよく知られているのは、DVDやCDに表示されている「私的利用のための複製」だろう。そのほか、正当な範囲内での引用、教育機関での利用、障害者のための複製など多くの規定がある。ここでは図書館に関わるものだけ解説する。

図書館などでの複製

　よく勘違いされることだが、「著作権により複写の権利が阻害されている」のではなく、「資料の保存や公共の福祉、その他の観点から勝手に複写されない権利を制限してもらっている」のが、図書館での複製と著作権の正しい理解である。

　具体的には、国立国会図書館と政令で定められた図書館に限り、図書館などの図書、記録その他の資料を用いて著作物を複製することができる。複製にあたっては、①利用者に提供するための複製、②保存のための複製、③ほかの図書館への提供のための複製のいずれかである必要がある。

　著作権情報センター（CRIC）ウェブサイトの「図書館と著作権」というページの「Q1　どのような図書館でも権利者に無断で複写サービスができるのでしょうか？」の説明によると、政令で定めている図書館などが複製サービスをする際は次の注意事項に留意するべきだとしている。

1．図書館法第2条第1項の図書館で、都道府県、市区町村が設置する公共図書館等
2．大学・高等専門学校の図書館等
3．大学等における教育に類する教育を行う教育機関（水産大学校等）の図書館等
4．図書、記録その他著作物の原作品又は複製物を収集し、整理し、保存して一般公衆の利用に供する業務を主として行う施設で法令の規定によって設置されたもの。……具体的には博物館・美術館等で都道府県立や市区町村立も含みます。
5．学術の研究を目的とする研究所、試験所その他の施設で法令の規定によって設置されたもののうち、その保存する図書、記録その他の資料を一般公衆の利用に供する業務を行うもの……具体的には、日本原子力研究開発機構、国立国語研究所等
6．国、地方公共団体又は一般社団法人等が設置する施設で4、5に掲げる施設と同種のもののうち文化庁長官が指定するもの……具体的には、日本医師会医学図書館、日本点字図書館、著作権情報センター「資料室」等29施設が指定されています。（施設名は文化庁ＨＰ参照）

　なお、具体名で指定した29施設の他に、博物館法第2条第1項に規定する博物館又は同法29条の規定するいわゆる博物館相当施設であって、営利を目的としない法人により設置されたものも「図書館等」に指定（2015年）されております[5]。

　また、国立国会図書館は、原本の滅失などを避けるため記録媒体に記録（電子化）し、また自動公衆送信することができる。加えて国、地方公共団体、独立行政法人のインターネット資料を収集するために記録媒体に記録（複製）することができる。

7　図書館など公衆送信サービスと著作権2021年改正

著作権法の一部を改正する法律

　2021年5月に国会で「著作権法の一部を改正する法律」が成立し、6月に公布された。改正によって変更された事項は、図書館関係の権利制限規定に関しては、①「国立国会図書館による絶版等資料のインターネット送信に関する措置」、②「各図書館等による図書館資料の公衆送信に関する措置」の二事項、および「放送番組のインターネット同時配信等に係る権利処理の円滑化に関する措置」についてであり、それぞれ所定の日数が経過してから施行されることになっている。[6]

　改正の趣旨は「著作物等の公正な利用を図るとともに著作権等の適切な保護に資するため、図書館等が著作物等の公衆送信等を行うことができるようにするための規定を整備するとともに、放送同時配信等における著作物等の利用を放送等における利用と同様に円滑化するための措置を講ずる」ことである。

　改正は2020年に文化審議会著作権分科会での検討を経て、「図書館関係の権利制限規定の見直し（デジタル・ネットワーク対応）に関する報告書」として最終報告書にまとめたものを踏まえてのものである。[7]

前出の概要から図書館関係は以下のようになっている。

1．図書館関係の権利制限規定の見直し
①国立国会図書館による絶版等資料のインターネット送信
　国立国会図書館が、絶版等資料（※）のデータを、図書館などだけでなく、直接利用者に対しても送信できるようにする。
（※）絶版その他これに準じる理由により入手困難な資料
②各図書館などによる図書館資料のメール送信など
　図書館などが、現行の複写サービスに加え一定の条件（※）の下、調査研

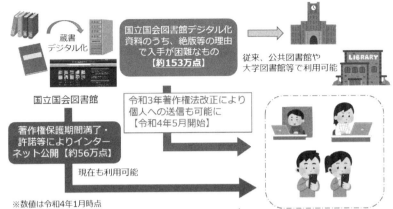

図10　個人向けデジタル化資料送信サービス
(出典：国立国会図書館「2022年2月1日「個人向けデジタル化資料送信サービス」の開始について（令和4年5月19日予定）」〔https://www.ndl.go.jp/jp/news/fy2021/220201_01.html〕〔2024年6月9日アクセス〕)

究極的で、著作物の一部分をメールなどで送信できるようにする。その際、図書館などの設置者が権利者に補償金を支払うことを求める。

（※）正規の電子出版などの市場を阻害しないこと（権利者の利益を不当に害しないこと）、データの流出防止措置を講じることなど

①の国立国会図書館については、2024年5月から実施されて好評を得ている。一例を挙げると、これまで地方在住の大学生・院生が論文作成のために長期休みを利用して国会図書館近辺に泊まり、文献調査と複写をおこなっていたものを地方にいたまま入手が可能になるのである。時間、労力、金銭的にどれほどの助けになることだろうか。

②に関しては2024年以降に本格的に実施されていくものと思われる。(8)

8　著作権関係団体について

相談や利用許諾の窓口

　文化庁ウェブサイトに掲載されている著作物の利用に関する相談や利用許諾の窓口を巻末付録に紹介しておく。著作物の利用の相談を受け付けるだけではなく、動画を含む各種の出版物・資料・パンフレットの配布、相談室や資料室などを設けている場合もある。実務にあたっては、疑問を放置することは大変危険な行為である。必要に応じて各機関に確認する姿勢を身につけておこう。

注

(1)「知的財産基本法」「e-Gov法令検索」(https://elaws.e-gov.go.jp/law/414AC0000000122)［2024年5月30日アクセス］

(2)「著作権法」「e-Gov法令検索」(https://laws.e-gov.go.jp/law/345AC0000000048)［2024年5月30日アクセス］

(3) 同ウェブサイト

(4) 著作権情報センター（CRIC）「著作物利用の手順」「著作物を正しく利用するには？」(https://www.cric.or.jp/qa/hajime/hajime6.html)［2024年6月9日アクセス］

(5) 著作権情報センター（CRIC）「Q1 どのような図書館でも権利者に無断で複写サービスができるのでしょうか？」「図書館と著作権」(https://www.cric.or.jp/qa/cs03/index.html)［2024年7月10日アクセス］

(6) 文化庁「令和3年通常国会　著作権法改正について」(https://www.bunka.go.jp/seisaku/chosakuken/hokaisei/r03_hokaisei/)［2024年7月7日アクセス］

(7) 図書館関係の権利制限規定の在り方に関するワーキングチーム「図書館関係の権利制限規定の見直し（デジタル・ネットワーク対応）に関する報告書」文化庁、2020年11月13日 (https://www.bunka.go.jp/seisaku/bunkashingikai/chosakuken/toshokan_working_team/pdf/92654101_02.pdf)［2024年6月10日アクセス］

(8) 国立国会図書館「2022年2月1日「個人向けデジタル化資料送信サービス」の開始について（令和4年5月19日予定）」（https://www.ndl.go.jp/jp/news/fy2021/220201_01.html）［2024年6月9日アクセス］

第12章 情報セキュリティーとシステムの保守

1　情報セキュリティーの基礎

情報セキュリティーの三要素

　情報セキュリティー（Information Security）とは、パソコンなどの情報機器とそれにつながっているネットワークを機器の故障や情報流出、コンピュータウイルスなどの感染から守り、各種のサービスが継続的に利用できるように必要な対策を施すことである。

　情報セキュリティーの三要素として、次の項目を挙げることができる。

①機密性（Confidentiality）
　権限をもった者以外は情報がみえないこと。IDとパスワードなどによる個人認証が適正であることが必要である。

②完全性（Integrity）
　データやその処理方法が正確かつ適切で、情報が本来あるべき完全な形で利用できること。対策としてデジタル署名の活用などがある。

③可用性（Availability）
　情報が必要なときに必要な人が利用できること。対策として、安定的で信頼できるアクセス経路の確保やデータの定期的なバックアップなどがある。

情報セキュリティーの考え方

インターネットの普及とともに、普通の人がネットワークや情報機器を経由したマルウエアなどの被害に遭うケースが増えてきた。また、大災害の経験を経て火事や地震、雷などの自然災害から機器やデータを保護することの重要性も理解されてきた。そのためにおこなわれる情報セキュリティーは、ネットワークセキュリティー、コンピュータセキュリティーなどの概念を内包している。

利用者や図書館職員の情報、図書館のシステムやデータなど守るべき対象は広範囲である。本来の情報セキュリティーの考え方は、図書館が保有する利用者情報や読書記録などのデータの流出事故や、ネットワークやコンピュータへの侵入による情報の盗難、およびシステムやデータの改変・破壊から図書館の情報機器と情報そのものを守ることである。しかし、図書館は多くの利用者に情報機器を公開しているという施設の性格と情報リテラシー支援（指導）の立場から、一般利用者の保護にも気を配る必要があるのではないだろうか。

個人レベルの情報セキュリティー

一般的に個人レベルの情報セキュリティーとしては、次の項目を挙げることができる。

・ソフトウエアのアップデート
・セキュリティー対策ソフトまたはサービスの導入
・IDとパスワードなどログイン情報の適切な管理
・SNS利用時のデータ公開・共有設定の把握
・最新のセキュリティー情報への留意

企業や組織レベルになると格段に複雑で高度な対策を施すことになるが、基本としては大きく変わるわけではない。より詳細で確実な実行が求められるだけである。そのために後述するように組織の情報セキュリティーポリシ

ーを定める必要がある。

2　マルウエアの種類

マルウエアとは何か

　マルウエアは悪意あるプログラムなどの総称である。情報セキュリティーを考える際にまず思い浮かぶのがコンピュータウイルスだが、最近では他者に被害を与えるために意図的に作成された悪質なソフトウエアやプログラムを総称してマルウエアと呼んでいる。具体的には、コンピュータウイルスやワーム、スパイウエアなどがこれに含まれる。一般の利用者には、すべてを「コンピュータウイルス」とひとくくりにする人もいるので、正しい用語を使うことが重要である。

　以下に、主要なマルウエアについて、その種類と特徴をまとめる。なお、フィッシングとDoS攻撃、ポートスキャンは厳密にはマルウエアではないが取り上げる。

マルウエアの種類と特徴

①コンピュータウイルス（computer virus）

　自らほかのファイルやシステムに伝染する能力をもち、感染先のプログラムやデータ、システムなどを破壊する、あるいは誤動作や起動できなくする。感染から症状の発生まで一定期間潜伏するものが多く、この間にほかに感染しようとする。

②ワーム（Worm）

　ウイルスとは異なり、感染させるファイルを必要とせず、独立して動作するプログラムで、自分を複製して広まっていく性質をもち、ウイルスの一種と見なされることもある。

③ランサムウエア（Ransomware）

普通のソフトウエアやデータのなかに隠されたソフトウエアやコードの総称である。重要なデータを暗号化したり、パソコンを起動できなくしたりしたのちに、復旧や解除の条件として金銭などを要求することを目的とする場合がある。自ら感染しないためウイルスと区別される。

④スパイウエア（Spyware）
　インストールされたコンピュータから、情報やキーボードからの入力内容を無断で他者に送信するプログラムである。IDやパスワードのような個人情報の漏洩、金銭的被害、プライバシーの侵害、ログイン情報を盗むこともある。また、感染によって副次的にパソコンの動作不良を引き起こすこともある。一部のソフトウエアは、インストール時に利用規約でこのような動作を明示して同意を得るが、そのことがマルウエアとの境界線を不明瞭にしている面もある。

⑤キーロガー（Keylogger）
　スパイウエアの一種である。キーボードに入力された文字列を記録し、他者へ送信する。ID・パスワードや住所、氏名、クレジットカード番号などが流出した場合は犯罪に利用されやすい。ソフトウエアとしてインストールされるソフトウエアキーロガーと、キーボードとパソコンの間に小型の機器を接続するハードウエアキーロガーのタイプがある。なお、どちらもキーボード本体に感染するわけではない。

⑥アドウエア（Adware）
　本来は宣伝・広告を目的として配布される無料ソフトウエアのことだが、有害なものも含まれる。有用なソフトをインストールする際に勝手にインストールされる例や、ウェブサイトを閲覧するとインストールされる例など感染方法は様々である。具体的な症状としては、コンピュータやブラウザの設定が変更され、意図しない広告やウェブサイトが表示される事例が多い。ウイルス対策ソフトが対象と認識しない例もあるため注意を要する。

⑦フィッシング（Phishing）

　単独ではマルウエアとはいえないが、使用されるツールや手法がマルウエアと密接に関連しているため取り上げる。一般にフィッシング詐欺とも称され、「重要なお知らせ」などのメールから偽のウェブページに誘導し、IDやパスワード、クレジットカード番号の入力を促すものである。年々非常に巧妙になり、本当のメールやウェブページと区別がつかないほど作り込まれている。

⑧ DoS（Denial of Service Attack）攻撃

　古くからあるサーバーへの攻撃手段である。例えばメールサーバーに膨大な量のメールを一斉に送り付けて処理を飽和させるなど、極端な負荷をかけたりシステム的な脆弱性を狙いうちにしたりしてサービスの停止や遅延を狙う。DoS 攻撃をきっかけに不正侵入などがおこなわれる場合も多い。

⑨ポートスキャン（Port Scan）

　正確にはマルウエアではないが、潜在的な被害を引き起こす可能性があるものとして紹介する。コンピュータやネットワークに接続する際の出入り口（ポート）のうち施錠されていないものを見つけるために、プログラムを用いてランダムにポートにアクセスを試みる行為である。ピンポンダッシュのようなものともいえ、もともとは悪意がある行為とはかぎらないのだが、現在は悪意ある行為と見なされている。

3　図書館での情報セキュリティー対策

情報セキュリティー担当者

　これまでに述べたような脅威に対抗するための対策を、以前からおこなわれてきたことを含めて、図書館（部署）の情報セキュリティー担当者（責任者）と一般職員に分けて考えていきたい。

　情報セキュリティー担当者は、大きな図書館であればネットワークの管理

もおこなう SE レベルの専門家として担う場合もある。一方で、職員数が少ない図書館であればほとんどの業務をシステム管理部門などの他部署に委託し、部門のシステム担当者として業務を担当している。

一般職員に求められる最低限の情報セキュリティー対策として下記が考えられる。[(1)]

1. 修正プログラムの適用
2. セキュリティーソフトの導入および定義ファイルの最新化
3. パスワードの適切な設定と管理
4. 不審なメールに注意
5. USB メモリなどの取り扱いの注意
6. 社内ネットワークへの機器接続ルールの遵守
7. ソフトウエアをインストールする際の注意
8. パソコンなどの画面ロック機能の設定

このような対策を実施するために、最低限のチェックポイントを情報処理推進機構ウェブサイトの「日常における情報セキュリティ対策」[(2)]から項目を挙げる。

1. 情報持ち出しルールの徹底
2. 社内ネットワークへの機器接続ルールの徹底
3. 修正プログラムの適用
4. セキュリティーソフトの導入および定義ファイルの最新化
5. 定期的なバックアップの実施
6. パスワードの適切な設定と管理
7. 不要なサービスやアカウントの停止または削除
8. ファイアウォールや侵入防止システム IPS（Intrusion Prevention System）の導入

一般職員には、どれも当たり前にいわれていることばかりである。そのな

かでも、図書館のカウンターで使用するパソコンの画面ロック機能について
しっかりと考えておきたい。カウンターの職員は業務上カウンターの外に出
ることがよくある。もし職員が一人もいないにもかかわらずパソコンの画面
が開きっぱなしになっていたとすると問題があるといわざるをえない。また、
たとえパスワードで保護されたスリープ状態にしていたとしても、ディスプ
レイの隅やノートパソコンの裏に ID とパスワードを書いた付箋を貼ってい
ると何の意味もなくなる。事務室内でも禁止されているはずの行為だが、カ
ウンターにつく際には重ねて注意するべきである。

利用者用のパソコンのチェックポイント

　利用者用のパソコンの場合は、一般職員向けパソコンに加えて下記のよう
にすることが望ましい。
1.　ソフトウエアをインストールさせない。
2.　起動またはログイン時に設定した状態にロールバック（Rollback）可能
にする。
3.　USB メモリなどの外部メディアを接続した際の自動実行の禁止、また
は自動ウイルスチェックを設定。
4.　SNS などコミュニケーションツールの利用禁止。

　なお、ロールバックとは、コンピュータやデータベースにソフトウエアや
データのトラブルが発生した際に直前の状態にまで戻すことであり、後進復
帰ともいう。利用者用のパソコンであれば、起動またはログインする際に自
動でデスクトップやマイドキュメントに保存されたファイル、あるいはブラ
ウザのお気に入りを削除し、パソコンや HDD の状態をもとの状態に戻す設
定をおこなうことがある。

4　サーバー・ネットワークレベルの情報セキュリティー

統合脅威管理システムの導入

　これまで企業や組織では、ファイアウォール、アンチウイルス（全般）、アンチスパム（メール）、URLフィルタリング不正侵入防止などの多層防御をおこなっていた。これは大変に負担が大きいため、近年では統合脅威管理システムUTM（Unified Threat Management）を導入している事例が増えている。UTMはその名のとおり、各種のセキュリティー機能を一つのハードウエアに集約して、集中して管理するものである。外にあたるインターネットとの間に置かれるゲートウェイに設置する。

　専任の情報セキュリティー担当者を配置することが困難な中・小規模の図書館では、複数のセキュリティーを重層的に網羅する対策の必要性は理解していても、スキルや人材、コスト的な制約から十分な対策が施せない。多様なタイプの脅威に対して統合脅威管理ができれば、負担が大幅に軽減し、本来の図書館サービスに人的資源を回すことができる。しかし、図書館の管理スキルが低いと、システムからの警告・報告メッセージの意味が理解できずに放置したり、プログラムの更新などの保守・点検を十分におこなわない、あるいは販売とサポートを担当する企業との間でライセンスの更新や保守の契約が十分に確認されていないなどの問題が発生することがある。

5　組織と個人の情報セキュリティーポリシー

情報セキュリティーポリシー

　企業や組織で情報セキュリティーを現実のものとして成立させるために必要なのが、情報セキュリティーポリシーである。何のために、誰のために、何を、何から守るのかをはっきりとさせ、基本的な考え方や運用するための規定や体制などを明文化して組織で共有することが重要になる。それが情報

セキュリティーポリシーの基本的な考え方である。

　情報セキュリティーポリシーは、細かくみると「基本方針」「対策基準」「実施手順」の3つの階層で構成される。「基本方針」では、組織全体としての理念や指針、方針を明確に定義する。「対策基準」では、基本方針を実現するための規則を定める。基本方針に従って部署や業務ごとのガイドラインを定め、具体的に行動基準やおこなうべき対策、罰則規定までを記す。「実施手順」では、いわゆる細則を定め、情報セキュリティー担当者だけでなく各職員が実施すべき個別の業務で、図書館と利用者の情報資産が守られるように具体的な内容を明確にする。

一般職員と情報セキュリティーポリシー

　一般職員が情報セキュリティーを守るうえで重要なことは、情報セキュリティーポリシーの遵守を前提として、さらに「正しい利用方法の理解」「仕掛けてくる相手の理解」「事件・事故についての理解」「コンピュータやインターネットへの理解」をすることである。急速に変化するインターネット社会では、講習会や説明会での一時的な理解ではなく、情報セキュリティー関係のニュースや最新の事情を継続的に学習し、トラブルに備える姿勢が求められている。

6　メディアと情報機器の安定した運用のために

情報機器の安定の必要性

　図書館は、その所蔵しているメディアに関して可能なかぎり利用できる体制を整えなければならない。所蔵しているメディアが正当な理由もなく利用できないことはあってはならない。ここでいう「正当な」とは、例えば整理途上、整備や修理中、閲覧用機器や設備の一時的な故障などである。故障は避けるべきではあるが、壊れない機器はありえないと考え、事前に回避策を施し、故障した際には速やかに復旧できるように備えておくべきである。

よくあるトラブルの事例

　図書館でのパソコンのトラブルはどのような事情によるものがあるのか、個人的な経験から述べよう。ただし、初期不良のような機器本体に由来するものを除く。

①人為的な取り扱いミス
　人為的な取り扱いミスによるものには、ノートパソコンやタブレットパソコンの落下による破損などが挙げられる。特に液晶ディスプレイ部分は破損しやすく、様々な要因で壊れ、修理費が高額になりやすい。逆に重いものをキーボードに落としてキーボードのキートップ（Keytop）を壊すこともある。USBメモリの乱雑な抜き差しによるスロットの破損や、キーボードにコーヒーやジュースをこぼすトラブルも見かけることがある。

②外的要因によるもの
　マルウエアの対処については、しっかりと実施されているか確認し、また常に新しいタイプが出現しつづけているため対策の更新にも注意を要する。USBメモリなどやメール、ネットワークストレージの経由、悪意があるウェブページの閲覧、その他によって感染することが多い。不正侵入については、好奇心によるもの、いたずら目的、ほかのサーバーへのクラッキングの踏み台として、情報の流出目的、ウイルス感染による二次被害などが考えられる。改ざん行為は不正侵入の結果としてであり、侵入されないかぎり原則として発生しない。

③ハードウエア障害
　経年変化は、時間によってパーツの劣化が起こり、性能の低下や故障の原因になることを指す。所定の最低耐用年数を過ぎると徐々に故障が発生しはじめるが、高温・多湿、直射日光、無理な連続運転などによって劣化が早まることもある。
　HDDを例に挙げると、その寿命は1万時間、約4年から5年が最低耐用年

数と考えられる。図書館などで多くみられるリース契約期間は長くても5年が多いため、劣化による限界を迎える前に機種更新されると思われる。最近の製品の信頼性は高く、最低耐用年数を超えて使用できることがあるが、いつ限界を迎えても不思議ではないと心得ておくべきだろう。

④災害など

災害によるものは、わかりやすい火災、地震、水害などの自然災害に加えて、停電、盗難、結露など人災、冷却不足による熱暴走などがある。

ここでは落雷によるサージ障害について述べる。詳しくは本章第8節「その他の管理」で解説する。落雷に伴い瞬間的に発生する電圧が地面、電線、配管などを伝って電子機器に到達することがある。運よく故障しなかったとしても意図しないシャットダウンが起こるため、システムやデータファイルに損害を受ける場合がある。

⑤設置・設定不良

設置・設定不良は人為的なミスである。設置や設定は業者に委託して作業をおこなうことが多いが、立ち会いの意味を考え重視すべきである。ただ単に「担当者だからその場にいればいいのだろう」と軽く考えていると、後日大きなトラブルに遭うことがある。

平常の運営では各種の作業を図書館の担当者が実施するときはマニュアルをもとにおこなうべきだが、作業に慣れてきたころに失敗する可能性が高くなる。

⑥設備の不良

100Vのコンセントからは100Vの電気が流れてきているはずだと思い込んでいないだろうか。私個人が経験したことだが、図書館に届いている交流電源が規定の電圧よりも低かったことがある。

ワットの公式（電力の公式）：電力（W）＝電流（A）×電圧（V）

供給される電力が同じ場合に、使用する電流が増えると電圧が下がる。「家庭用コンセントの電圧を測ってみると95V程度なのはたまに見かけますよ」と電設業者に言われたことがある。電力会社の見込みよりも早めに一帯の開発が進み、多くの住宅が建設されて電力の需要が大幅に増えた場合など、増設のタイミングによって起きることがあるようだ。パソコンはある程度低い電圧でも作動するが、限界を超えるとデジタル機器の特性上いきなり停止する。サーバー機などは厳重な電源管理下に置かれているため不安はないが、一般の機器では起こりうる。いざというときのために検証の対象にすることをお勧めする。

⑦運用規定のミス

　機器の限界を超えた連続運転、直射日光に当て続けたことによるキーボードや筐体の樹脂の劣化、エアコンの過剰な節電や埃で吸入口が塞がれたことによる熱暴走やショート、マニュアルどおりに操作しなかったことによるトラブルなどがある。定期的にマニュアルを見直すことで相当数が防止できる。

⑧ソフトウエアによる障害

　ソフトウエアのバグや競合・相性、あるいは仕様の相違、製造や導入年代の違いに起因する問題が発生する場合がある。非常にやっかいな障害が多く、サポートセンターやSEに相談しても原因が特定できないこともあり、ときには我慢して使っていると気がつかないうちに解消していることもある。おそらく原因になっていたプログラムが、ソフトウエアの更新に紛れて修正されたのだろう。サポートセンターや担当SEと良好な関係を築いていると情報も得やすく対策も立てやすくなる。

7　サーバーマシンの管理

サーバーマシン

　前述のように公共図書館の図書館システムは、クラウド型への移行がかな

り進んでいる。移行に伴いサーバーマシンの管理の負担が軽減しつつある。図書館システム以外の各種サービスについても、自館内にサーバーを維持する必要性は徐々になくなっていくものと思われる。

ここではサーバーを自館内に維持している場合、あるいはサーバーではないが重要な作業を担当しているIT機器がある場合について、その管理を考えていく。

サーバーは24時間365日の連続運転を前提としたシステムであり、冗長性が高い機器を用いる。メンテナンスや障害が発生した場合でも可能なかぎり動作しつづけ、仮に停止することがあっても速やかに回復することが求められる。提供している各種サービスに影響が及ばず、データやソフトウエアが速やかに復旧できるように備えておく。対応できるレベルに応じて準備する機器類やコストが変わるため、導入時に「どこまで対応するか」について十分に検討しておく必要がある。

システムやデータのバックアップ

サーバーのバックアップとは、機器の故障などに備えて用意された代替設備や予備品、データのコピーのための準備をいう。広く考えれば、サーバーマシン本体と周辺機器からなるシステム全体を指している場合もある。具体的には、ハードウエア（機器）の管理では、故障対策としてサーバーマシンやHDDの冗長化、外部メディアによる自動バックアップ、無停電電源装置（UPS：Uninterruptible Power Supply）の導入やネットワークの保守管理を準備しておく必要がある。

記憶装置の多重化

HDDの多重化は最優先でおこなう。非常に高速で回転するディスクをもつHDDは、時間の経過とともに故障する可能性も高い消耗品である。衝撃を与えず、温度、湿度、埃の管理を十分におこなっていても、いずれは故障するパーツと考えるべきである。対策としては、複数のHDDを用いたレイドシステム（RAID：Redundant Arrays of Inexpensive Disks）を採用することが有効である。レイドとは、複数のHDD（場合によりSSD）を組み合わせて

仮想的に1台の記憶媒体として運用し、アクセス速度や冗長性を向上させる技術のことである。レイドには目的やシステムの規模によって複数の形式があるが、最低でも複数のHDDに同時に同じ内容を記録（ミラーリング）して冗長性を向上させるRAID1以上を採用する。予算が許せば、速度と冗長性の両方を満足させるより高度な形式を採用する。

　レイドは有効な対策だが万全ではない。ファイルを誤って削除したり、上書きするなど不適切な操作によって記録を失う場合もある。大規模災害ではバックアップメディアごとサーバーマシンが喪失することもありうる。

　外部メディアへのバックアップを定期的におこない、本体と同時にバックアップも失う可能性を少しでも減らすためにサーバーマシンと同じ屋内に保管しない。近年は東日本大震災の経験から、クラウドバックアップサービスの利用が望ましいと考えられている。セキュアクラウドディスクといわれる信頼できるデータセンターであれば、セキュリティー上も安全である。

8　その他の管理

電源管理（停電対応）

　UPSとは無停電電源装置のことである。停電で外部からの電力供給が途絶えても、内蔵するバッテリーから一定時間決められた出力の電力の供給をおこなう。サーバーに用いられる高機能な製品では、サーバー本体を制御して自動的に稼働しているアプリケーションとOSのシャットダウンをおこなう。加えて、管理者にメールで警告を送る機能も有している。また、後述するがUPSを設置することによって、送電設備や配電設備に落雷が発生することによる瞬時電圧低下の影響を防ぐことができる。

　UPSは基本的に数分から十数分程度のバッテリー容量しかもっておらず、自家発電の代わりを担えるような性能はない。あくまでもシステムを正常に停止させる目的で設置する装置である。当該サーバーシステムにどの程度の電力が必要なのかを計測し、それに見合った容量のものを設置する必要がある。また、内蔵しているバッテリーセルには寿命があり、定期的に交換する

必要がある。

　なお、一部の製品にはデータバックアップ用にDATテープドライブを備えているものもある。後述のサージプロテクト機能をもつ機種も多く、様々なトラブルに対応している。

落雷によるトラブル

　落雷によって引き起こされるトラブルといえば、停電のほかに瞬電（瞬間停電）や雷サージ（雷大波電圧電流）がある。

　瞬電は瞬断とも呼ばれる。数マイクロ秒から数百マイクロ秒程度の瞬間的な電圧の上昇や落下で、各種の原因が考えられる。コンピュータは電源の遮断には敏感で、すぐに停止し再起動動作に入る。最悪の場合は、データ破損やシステム障害を引き起こすこともある。

　瞬電とは逆の現象の雷サージも起きることがある。落雷が地表に達した際に地表面を瞬間的に大きな電流が流れ、それが配電線路や電話線、アンテナ・ケーブル、テレビに接続された通信線路配管を伝って室内の電気機器にまで到達する。

　どちらも対策として電気機器の手前に設置して過大な電圧を遮断するサージプロテクタが有効であり、「避雷システム」の構成部品として広く利用されている。なお、家庭用として販売されている安価なサージプロテクタをコンセントと電子機器の間に差し込んでいる例を見かける。それなりに有効な対策ではあるが、おおむね一回の避雷しか効果がない製品が多いため、定期的な点検と交換が必要である。

　落雷によるトラブルは、IT機器の普及に伴って事例としては減少しつつあるが、コンピュータには大敵であり、サーバーだけではなく館内の様々なコンピュータや通信機器に悪影響を及ぼすため、定期的なチェックが重要である。

保守契約

　ハードウエア、ソフトウエアともに保守契約に注意を払う必要もある。余計な出費と考えずに十分な手配が必要である。保守契約は、メーカーによる

販売後一定の期間の自然故障に対する動作保証とは異なる。製造業者、または販売業者と結ぶハードウエアの故障の復旧作業や、障害予防のためのメンテナンス、ソフトウエアの修正プログラムの適用や最新版への更新、技術的な質問への対処などを受けるための契約である。

定期保守作業、緊急保守作業、交換部品の提供、サポートの利用があり、これにオンラインでの常時異常監視、リビジョンアップ（Revision Up）またはバージョンアップ（Version Up）の費用を含む場合もある。

保守料金はおおむね、一年間あたり購入費用の15％から20％前後に設定されている。ハードウエアの保守契約で10％前後、ソフトウエアでは20％前後である場合が多い。

ハードウエアの保守は機器の納入業者と契約するが、実施の作業は納入業者が修理を担当する場合と、メーカーに再委託する場合とがある。保守契約を結べば、製品の故障や不具合が発生しても速やかに復旧・対応が図れるほか、修理コストの節減につながる。保守契約では作業費や交換部品代、出張費などの全額または一部を保証するだけではなく、保守作業のために作業員が来館するタイミングにも影響を与えることもある。つまり「保守契約しているユーザーには即対応するけれども、未契約のお客様からの依頼は後回しになります」という対応をされることがある。

図書館には利用者用と事務用の多くの機器があるが、多くの利用者に関わるネットワークやサーバーは特に常時安定している必要がある。クラウドの時代になり"手がかかる大物"であったサーバーこそ図書館から消えつつあるが、ネットワークの重要性は増すばかりであり、今後とも十分な管理が必要である。

リビジョンアップとバージョンアップ

前述のバージョンアップとはプログラムの機能追加や仕様変更を伴う大きな改変の場合を指し、リビジョンアップとは基本的な機能はそのままで細かい修正をおこなう場合を指す。リビジョンアップは特に重大な改変ではなく細かな部分だけの修正であるため、システムの休止などをおこなわなくてすむことが多いが、バージョンアップは１日あるいは２日程度止めることにな

る場合もある。これは、データのバックアップとシステムのバージョンアップ後に動作確認が必要なためである。

　ソフトウエアの管理は、OSやアプリケーション、データベースの維持などのバージョン・リビジョンアップや修正ファイルの更新、セキュリティーの管理などが主になる。いずれもサービスを良好に提供し、ウイルスやスパイウエア、ハッカーの侵入に対処するために重要な処置である。日常的な管理は図書館職員がおこない、ある程度の専門的スキルを必要とする部分についてはシステム担当職員を用意できなければ外部に管理を委託することになる。近年では、最低限の管理を図書館側でおこない、それを超えるものはメーカーや専門業者のオンラインサポート（オンラインで手に負えなければ担当SEが来館する）に委ねる契約や、地域の公共機関や教育機関でハードウエアとソフトウエアの管理を共有する事例が増えてきている。

　なお、クラウドシステムではこれらの多くが解消されるため、導入が進む大きな要因になっている。

注

（1）情報処理推進機構「日常における情報セキュリティ対策」最終更新2023年4月20日（〔https://www.ipa.go.jp/security/anshin/measures/everyday.html〕〔2024年6月8日アクセス〕）を参照。
（2）同ウェブサイト

第13章　新しいIT技術と図書館

1　Society 5.0

Society 5.0とは何か

　Society 5.0とは、2016年12月に総合科学技術・イノベーション会議が、「第5期科学技術基本計画（2016〜2020年度）」の目指すところをわかりやすく表したキャッチコピーである。その内容は、次のとおりである。

> サイバー空間（仮想空間）とフィジカル空間（現実空間）を高度に融合させたシステムにより、経済発展と社会的課題の解決を両立する人間中心の社会（Society）、狩猟社会（Society 1.0）、農耕社会（Society 2.0）、工業社会（Society 3.0）、情報社会（Society 4.0）に続く、新たな社会を指すもので、第5期科学技術基本計画において我が国が目指すべき未来社会の姿として初めて提唱されました。

　Society 5.0は、日本政府が主導して提唱する「第5世代の社会」としての未来社会を指している。それは「超スマート社会＝IoT（Internet of Things）」であり、AIやビッグデータなどの先端技術を活用し、あらゆるデータや製品、サービスがインターネットを通して効率的かつ有益に運営されることを目指している。

　これまで理解されてきた情報化社会では、古くから情報が収集・保存され

てきた図書館、博物館、文書館のような施設や情報源に加えて、インターネットのクラウド上に構築されたデータベースが登場し、時間や場所に関係なく情報を活用できるようになるものだった。そこでは人間が情報にアクセスし、検索や収集・分析・加工、そして再発信をおこなっていた。しかし、超スマート社会ではAI技術がこれらを支援し、人間はより知的で創造的な作業に集中できるようになる。さらに、ロボット技術をも活用して現実社会に新たな価値を提供することを、Society 5.0は目指している。

Society 5.0の影響

　Society 5.0は継続中であり、具体的な影響や成果、効果について評価が難しい段階である。比較的新しい概念であり、完了あるいは実装されたプロジェクトや取り組みもいまだ限られているからである。

　しかし、現時点でみえてきている範囲でSociety 5.0が現実になった社会を考えてみたい。

　まず、先端技術の活用によって技術革新と経済成長の促進がもたらされるだろう。特にIoTや人工知能の活用は、新技術を用いたこれまでにない新サービスを生み出す可能性がある。あるいは、まったく新しい分野のビジネスが生まれることも考えられる。

　医療・介護分野ではロボット技術を組み合わせた新しいケアシステムが導入され、介護ロボットや手術支援ロボットが活躍することだろう。また、VR（仮想現実）やAR（拡張現実）などのバーチャル技術と遠隔医療を組み合わせることによって無医村問題の解消につながり、より高度な医療サービスが実現できることだろう。オンライン化の恩恵は、都市部では夜間や休日のオンライン診療の普及、オンライン診療システムの導入による事務作業の削減など多くの分野で期待できる。医療・介護分野のSociety 5.0の実現は、国民の健康寿命の延伸や医療・介護費の抑制に貢献することが期待できる。そのために、ロボット技術を活用した介護での倫理的な問題の解決や、オンライン診療での情報セキュリティー対策の充実などの課題を克服することが重要になる。

　高齢化社会や少子化によって労働力が減少していて、物流業界では労働問

題や地域格差の解消が急務になっている。これらの解消も現代社会の喫緊の課題である。その回答の一つとして、現在販売中の主要な自動車は安全運転支援システム（DSSS：Driving Safety Support Systems）を導入している。また、公共交通機関の自動運転システム（ADS：Automatic Driving System）の実証実験が各地で始まっている。ADS について国土交通省都市局「都市交通における自動運転技術の活用方策に関する検討会」の資料をみてみると、自動運転バスについて、望ましいバス停のデザインの検討、駅前ロータリーでのほかの自動車との共存のためのルール作りなどが見受けられる。自動運転システムの設計の段階を超えて、社会にどのように導入するかの検討が始まっている。(3)

　農業分野では、IoT 技術を活用した遠隔地からの農作物の状態監視や収穫ロボットの制御、農機具の自動運転の開発が完了し、一部の技術については販売が始まっている。現時点では、大型農機具への導入が中心だが、田畑のように道路交通法が及ばない環境での製品化が、自動車に比べて実用化が早く進んだ要因と考えられる。次の開発ステップとして、収穫した農産物を田畑から出荷するために農協へ移動する手段として利用することが考えられる。その際には、おそらく公道を走行する必要性も出てくるだろう。このように、高齢化や労働人口の減少に対応することが期待されている。

図書館とSociety 5.0

　図書館は読書をする場所だけではない。公共図書館は地域社会の活性化や課題解決の拠点として、大学図書館は新しい知見を生み出す場所として、また学校図書館は教科への協力と教養教育の場として、それぞれ重要な任務を果たしている。

　Society 5.0がもたらす図書館への影響は、デジタル化と情報アクセスの促進、AI やビッグデータの活用、オンラインとオフラインの融合、教育と情報リテラシーの向上、地域社会あるいは利用者相互のコミュニティー強化として現れ始めている。

　具体的には、下記が考えられる。

第13章　新しいＩＴ技術と図書館────159

１．より高度化・細分化が予想される利用者の情報収集に対応し、発信の高度化。
２．オンライン学習プラットフォームとの連携やVR／AR技術を活用した疑似体験学習支援の提供。
３．地域課題解決のプラットフォームとして議論や協働の場をオンライン・リアルを問わずに提供。
４．個別のニーズを取り入れた情報レコメンドや地域に関する最新情報の提供。
５．複合施設化も視野に入れた文化交流、創造活動の拠点としての地域住民同士の交流の促進、VR／AR技術のオンライン空間と現実空間におけるユニバーサルな環境の構築。

　一方で、図書館利用者も下記のような影響を受けると考えられる。

１．デジタル技術の発展により、図書館利用者はより多くの情報に容易にアクセスできるようになり、利便性が向上することによって日常的に利用することになる。
２．利用者の嗜好やニーズの細分化がさらに進行し、個別化されたサービスの提供を求めるようになる。そのため利用者の閲覧履歴や要求に基づいた図書の案内や、学習支援のカスタマイズが必要になる。
３．オンライン学習や遠隔教育の利用が広がるが、学習の継続に問題が発生する。共同学習や相互学習の場としてプラットフォームの提供とコーディネーターの育成が必要になる。
４．図書館利用者はデジタルリテラシーが必要になる。単純な検索のうまい・へただけではなく、信頼性の判断や自分や他人のプライバシーの保護、健全なオンラインと情報の利用方法などが含まれる。図書館はデジタルリテラシーの学習機会を提供する。このことは、情報格差（デジタルデバイド）の解消の意味からも重要である。
５．地域コミュニティーの中心的な場として場の提供や情報の発信などを必要とする。図書館は社会教育主事や社会教育士と協力して、これらの支援に

あたる。

このように、Society 5.0がもたらす図書館への影響は、デジタル化と情報アクセスの促進、AIやビッグデータの活用、オンラインとオフラインの融合、教育と情報リテラシーの向上、地域社会あるいは利用者相互のコミュニティー強化として現れ始めている。Society 5.0で図書館は重要な基盤施設の一部であり、技術の進展と社会のニーズに応じたサービス提供が求められている。図書館がこれらの変化にどのように適応し利用者や地域社会に貢献するかが、生涯学習機関としての今後の進展の鍵になると思われる。

2　ビッグデータとメタバース

ビッグデータ（Big Data）

ビッグデータとは言葉そのままに「これまで考えられなかったほどに猛烈に生産され、蓄積され続ける膨大なデータ群」と理解して間違いではない。そのサイズ感は、通常のデータ処理ソフトウエアやデータベースツールでは処理しきれないほど巨大である。また、ビッグデータは、ボリューム、多様性、速度の3つの要素で定義される。

・ボリューム（Volume）とは、データ量が膨大であることであり、多くの場合で少なくともテラバイト（TB）以上でありペタバイト（PB）に達する規模である。
・多様性（Variety）とは、データが多彩であることを指す。データには構造化や非構造化、半構造化などのタイプがあるが、その違いを問わずに取り扱うことができる。
・速度（Velocity）とは、生成・収集・処理の速度がこれまでに比べて格段に速く、リアルタイムや近似リアルタイムでのデータ処理がおこなわれることを指す。

一般にビッグデータは、これらのボリューム、多様性、速度の3つの特徴をもつデータから真に有益な情報を検索・抽出し、分析するための新しい技術である。これを活用することによって、企業や組織、個人は意思決定をより素早く数値的根拠に基づいておこなったり、新たなビジネス機会を見いだしたりすることが可能になる。

　ビッグデータの登場は図書館に多くの機能をもたらし、利用者にもより確かな情報へのアクセスの保証とそのためのサービスの向上をもたらす。しかし、同時にデータ管理やセキュリティー、プライバシーの課題も懸念されるため、より堅実な運用が求められるとともに、利用者の情報活用能力の向上を支援するべきである。

メタバース（Metaverse）

　メタバースは、超越・高次元を意味する「メタ（Meta）」と、「宇宙」や「世界」を意味する「ユニバース（Universe）」を組み合わせた用語であり、物理的な現実と仮想空間が融合した次世代のインターネットの世界（体験）を指す。具体的には、仮想現実（VR）、拡張現実（AR）、およびユーザー生成コンテンツ（UGC）などの技術を基盤に構築されている。現実世界の制約を超えて、人々が仮想空間で交流することができる特徴をもつ。一般のユーザーは2016年に公開されたゲーム「ポケモンGO」をプレイすることによって、初期的なメタバースの一端を体験することができた。

　メタバースは、仮想空間の創造、リアルタイムのコミュニケーション、デジタル経済の発展と教育、娯楽にあふれた革新的な社会を生み出すだろう。

図書館とメタバース

　エンターテインメント（Entertainment）としての活用が強調されがちだが、教育分野にも革新をもたらすと思われる。仮想空間を活用した対話型の学習体験や授業教材が開発され、楽しみながら学べる新たな学習の出現が期待されている。

　メタバースを活用した仮想図書館も構築され、電子図書館の発展系になるかもしれない。すでに図書館案内やガイダンスへの活用は開発が進められ、

商品化が間近い。また、コロナ禍をきっかけに様々なリモートサービスが展開しはじめている。将来的には、メタバース内の仮想図書館でリアルタイムイベントやプログラムが実施されることだろう。そのことによる利用者間のコミュニケーションの向上も期待される。

　さらに、身体的な制約をもつ人々にもアクセスしやすい環境を提供できるため、ハンディキャップをもつ利用者には多大な恩恵をもたらすことが期待される。そのためには、仮想空間内でのナビゲーションやリソースの利用がバリアフリーに十分に配慮された設計であることが重要である。図書館では、仮想空間であってもすべてのユーザーに使いやすいサービスを提供することが求められている。

3　急速に発展するAI

AIが身近なものになった2023年

　AIは以前からよく聞くIT用語だったが、2022年11月に公開されたChatGPTによって、我々のような一般利用者にとっても急速に身近な存在になった。主要なモデルとして生成型AI、対話型AI、LLMなどを挙げることができる。これらを応用したサービスは、24年7月の時点でChatGPTやGPT-4、Gemini、Bing Copilot、Perplexity、Mixtral 8x7Bなど多数あり、それらのサービスを無料で利用できるものも増えた。また、様々なアプリやサービスに組み込まれ、応用された製品の開発が進められている。

　AIの開発には多大な資金と時間が必要である。しかし、現時点では生成されるデータの品質や信頼性に関しては十分に安定しているとまではいえない。それでも潜在的な能力と応用範囲の広さから、多くの分野で今後の発展が期待されている。なお、これは2024年前半での状況であり、今後どのように進化するかは未知数である。

生成型AIや対話型AI、LLMとは何か

　生成型AI（Generative AI）は、文章、画像、音声などの新しいコンテンツ

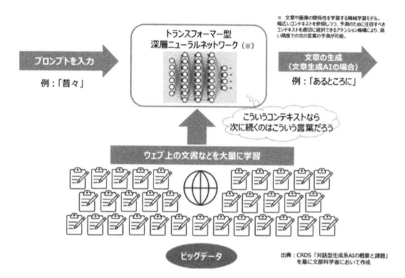

図11　生成AIの概要
(出典：文部科学省初等中等教育局「生成AIの概要」「初等中等教育段階における生成AIの利用に関する暫定的なガイドライン」2023年7月4日〔https://www.mext.go.jp/content/20230710-mxt_shuukyo02-000030823_003.pdf〕〔2024年6月16日アクセス〕)

やデータを生成する機能をもつAIの一種である。その名称は、生成系AI、自動生成AI、テキスト生成AI、コンテンツ生成AI、ジェネレーティブAI、対話型AIなど多様な用語が用いられていて、いまだ定まっているとはいえない。本書では生成型AIを用いる。

　生成型AIは、大量のデータをもとにして、ユーザーと対話しながら新しいデータや情報を生成するシステムである。この技術の特徴として、データの生成力、創造性、リアルタイムでの生成、そして広範囲な活用を挙げることができる。

　現状の機能は、例えばテキストを生成する場合、既知のテキストを組み合わせてユーザーの要求に対応するように生成するものである。まったく新しくテキストを創造するようなことは得意ではない。[4]

　最近、生成型AIと呼ばれる技術と対話型AIやLLMと呼ばれる技術が組み合わさったサービスが登場している。これらは、従来の生成型AIとは異

なり、より高度な機能をもつ次世代の生成型AIと呼ぶべきものだが、すべからく「生成型AI」と呼ばれはじめている。以後、本書では次世代の生成型AIも含めて生成型AIと呼ぶ。なお、このようなIT用語の意味の拡大は頻繁に起きる現象である。

図12　生成型AI（次世代型）の概念図（筆者作成）

　対話型AI（Interactive AI）は、人間との対話や質問をしながら、より望ましい結論にいたる機能をもつAIの総称である。人間の会話のパターンを理解できるように、主に自然言語処理や機械学習の技術を用いて大量の会話データから学習している。利用者と対話することによって質問や指示を理解し、適切な応答を生成する能力をもっている。対話型AIの一例として、チャットボットや音声アシスタントが知られている。生成型AIや対話型AIとLLMが融合した質問応答システムや顧客対応システムの開発が飛躍的に進むだろう。

　LLM（Large Language Model）は、自然言語処理の分野での言語モデルの一つであり、大規模なデータセットを用いてトレーニングされた、高度な文章生成や言語理解能力をもつモデルを指し、日本語では「大規模言語モデル」と称される。膨大な量のテキストデータを学習し、ディープラーニング技術を用いて様々な自然言語処理タスクを実行する技術である。自動チャット、翻訳、文章作成支援、情報検索、音声認識、生成システムなど多数の方面での応用が期待されている。その発展のスピードは著しく、様々な分野で革新をもたらすことが期待されている。

生成型AIと図書館

　生成型AIとその次世代型が図書館に与える影響としては、以下のような効果が見込まれる。例えば、自館でのコンテンツ作成の効率化や自動化、メタデータの生成、利用者の読書要求の予測、デジタルアーカイブの拡充や修復（アップコンバートを含む）、外国語文献の翻訳とアクセシビリティの向上

などである。

　このような特性を生かすことによって、図書館はより効率的な情報提供や利用者のニーズへの対応が可能になる。ただし、生成型AIを使用する際には、データの品質や倫理的な側面、個人情報やプライバシー、技術的な限界や制限に注意するとともに、それらを利用者に対しても啓蒙していく必要がある。

　図書館での生成型AIは、目録業務や選書、情報の収集・整理、利用者サービスなど、従来図書館職員がおこなっていた作業を補助し、または代替する可能性が高い。いくつか具体的に予想してみる。

　コンテンツの生成では、例えばデジタルサイネージなどの広報活動で活用することで、利用者に迅速に多くの情報を提供できるようになる。ポスターや図書館便りのような印刷物でも同様である。

　メタデータ生成の自動化の面では、資料収集業務（選書）に必要なデータを整理する役割を果たす。利用者の要求を分析し予測することで、選書作業にとどまらず、読書リストや推薦書籍の作成にも貢献できるだろう。

　デジタルアーカイブについては、デバイスの性能やネットワークの速度が向上するにつれて、デジタルコンテンツの画質を向上させるアップコンバートをおこなう。この技術は、画像の確認作業や画像キャプションの作成にも役立つ可能性がある。

　外国語文献の翻訳やアクセシビリティの観点では、現在の単方向の翻訳に加えて、人とAIが対話することで、よりわかりやすい翻訳が可能になる。また、対話型の生成型AIは、利用者からの問い合わせに応じることができる。すべてを担わせるのではなく、いわゆる「よくある質問」に対応し、難しい案件は担当者に引き継ぐことになる。特に日本語を母国語としない利用者に対して効果が見込める。AIに対応されることに拒否感をもつ利用者もいるだろうが、自動貸出・返却機の事例と同様に、時間が解決してくれることだろう。

生成型AIの導入に残る懸念

　前述のように生成型AIは実用化されたばかりであり、依然として発展途

上の技術である。またデータの品質の担保や倫理的な側面、プライバシーの保護など注意すべき点は多く残っていて、技術的側面の解決に加えて規制やガイドラインを整備していく必要性もある。

　何よりも、人々は生成型AIをどのように使っていけばいいのかを理解していない。それでも、現状の傾向から推測するに、生成型AIやビッグデータ、メタバースなどの新技術は、社会のなかで確固たる立ち位置を占めていくことは間違いはなく、人々はそれを様々なシーンで活用しつづけることだろう。図書館は知の拠点であるばかりでなく、生涯学習、ひいては民主主義の砦としてデジタルデバイドの解消など、広い視野から生成型AIとともに生きる時代に対応していく必要がある。

注

（1）内閣府の総合科学技術・イノベーション会議は、内閣総理大臣、科学技術政策担当大臣のもと、総合的・基本的な科学技術・イノベーション政策の企画立案と総合調整をする役目を担っている重要政策に関する会議（旧：科学技術会議）。
（2）内閣府「Society 5.0」（https://www8.cao.go.jp/cstp/society5_0/index.html）［2019年1月5日アクセス］
（3）国土交通省都市局「都市交通における自動運転技術の活用方策に関する検討会について」2017年11月（https://www.mlit.go.jp/common/001217867.pdf）［2024年10月6日アクセス］
（4）文部科学省初等中等教育局「生成AIの概要」「初等中等教育段階における生成AIの利用に関する暫定的なガイドライン」2023年7月4日（https://www.mext.go.jp/content/20230710-mxt_shuukyo02-000030823_003.pdf）［2024年6月16日アクセス］

第14章　学校図書館と情報技術

1　学校図書館の図書館システムの現状

蔵書のデータベース化

表4　学校図書館の蔵書のデータベース化の状況

		学校数 (A)	蔵書をデータベース化している学校数 (B)	割合 (B/A)	25%未満の学校数 (C)	割合 (C/B)	25〜50%未満の学校数 (D)
小学校		18,894	15,212	80.5%	248	1.6%	182
中学校		9,143	7,246	79.3%	130	1.8%	138
高等学校		3,449	3,180	92.2%	58	1.8%	86
特別支援学校	小学部	864	491	56.8%	22	4.5%	17
	中学部	857	484	56.5%	23	4.8%	16
	高等部	893	528	59.1%	30	5.7%	17
義務教育学校	前期課程	120	101	84.2%	3	3.0%	1
	後期課程	120	101	84.2%	3	3.0%	2
中等教育学校	前期課程	33	32	97.0%	0	0.0%	1
	後期課程	31	30	96.8%	0	0.0%	1
合計		34,404	27,405	79.7%	517	1.9%	461

(出典:「令和2年度「学校図書館の現状に関する調査」結果について（概要）」文部科学省、10ページ〔https://www.mext.go.jp/content/20220124-mxt_chisui01-000016869-1.pdf〕〔2024年6月20日アクセス〕)

表4は、「令和2年度「学校図書館の現状に関する調査」結果について（概要）」から、「学校図書館の蔵書のデータベース化の状況」(1)の表である。「蔵書のデータベース化」とは、要するに図書館システムを導入していて蔵書のデータ入力が開始されている状態か、または、近日中に図書館システムを導入予定の学校図書館も少数含まれているものと考えられる。なお、この場合は、データをインポートするために、あらかじめExcelやAccessなどに蔵書のデータの入力をおこなっている。

　学校種別で比べてみると、導入ずみは小学校80.5%、中学校79.3%、高等学校92.2%である。4年前の前回調査に比べると、小・中学校で6.6%、高等学校で0.9%向上している。

　導入ずみの学校図書館で貸出・返却にデータを使用している割合は小学校90.8%、中学校89.3%、高等学校92.8%である。なお、すべての蔵書の入力が完了しないまま、図書館システムを使用している学校が含まれている。デ

	内訳（データベース化の状況）							当該電子管理を活用して貸出・返却を行っている学校数（H）	割合（H/B）
	割合（D/B）	50〜75%未満の学校数（E）	割合（E/B）	75〜100%未満の学校数（F）	割合（F/B）	100%の学校数（G）	割合（G/B）		
	1.2%	332	2.2%	4,014	26.4%	10,436	68.6%	13,814	90.8%
	1.9%	266	3.7%	2,243	31.0%	4,469	61.7%	6,474	89.3%
	2.7%	252	7.9%	1,241	39.0%	1,543	48.5%	2,950	92.8%
	3.5%	33	6.7%	157	32.0%	262	53.4%	218	44.4%
	3.3%	33	6.8%	153	31.6%	259	53.5%	217	44.8%
	3.2%	39	7.4%	165	31.3%	277	52.5%	238	45.1%
	1.0%	1	1.0%	22	21.8%	74	73.3%	89	88.1%
	2.0%	0	0.0%	22	21.8%	74	73.3%	90	89.1%
	3.1%	0	0.0%	12	37.5%	19	59.4%	30	93.8%
	3.3%	0	0.0%	12	40.0%	17	56.7%	28	93.3%
	1.7%	956	3.5%	8,041	29.3%	17,430	63.6%	24,148	88.1%

表5 学校図書館と情報メディア機器・ICT環境の整備状況

		学校数 (A)	学校図書館と情報メディア機器の整備状況			学校図書館のICT環境整備状況		
			学校図書館と情報メディア機器を活用できる部屋（コンピューター室等）が一体的に整備されている（隣接して整備している場合を含む）(B)	割合 (B/A)	学校図書館内に、児童生徒が、検索・インターネットによる情報収集に活用できる情報メディア機器が整備されている (C)	校内LAN（有線）が整備されている (F)	割合 (F/A)	校内LAN（無線）が整備されている (G)
小学校		18,894	2,280	12.1%	1,574	9,994	52.9%	6,534
中学校		9,143	834	9.1%	955	4,697	51.4%	3,202
高等学校		3,449	178	5.2%	1,538	2,237	64.9%	967
特別支援学校	小学部	864	77	8.9%	73	416	48.1%	332
	中学部	857	78	9.1%	74	413	48.2%	327
	高等部	893	88	9.9%	86	441	49.4%	358
義務教育学校	前期課程	120	43	35.8%	14	62	51.7%	60
	後期課程	120	38	31.7%	15	64	53.3%	58
中等教育学校	前期課程	33	4	12.1%	13	18	54.5%	13
	後期課程	31	3	9.7%	13	17	54.8%	11
合計		34,404	3,623	10.5%	4,355	18,359	53.4%	11,862

（出典：同ウェブサイト）

	（いずれか一つ回答）				
割合 （C/A）	学校図書館内に、資料管理・資料返却用のみに使用される情報メディア機器が整備されている （D）	割合 （D/A）	整備されていない （E）	割合 （E/A）
8.3%	9,773	51.7%	5,267	27.9%
10.4%	4,616	50.5%	2,738	29.9%
44.6%	1,241	36.0%	492	14.3%
8.4%	164	19.0%	550	63.7%
8.6%	163	19.0%	542	63.2%
9.6%	168	18.8%	551	61.7%
11.7%	39	32.5%	24	20.0%
12.5%	42	35.0%	25	20.8%
39.4%	13	39.4%	3	9.1%
41.9%	12	38.7%	3	9.7%
12.7%	16,231	47.2%	10,195	29.6%

	（複数回答可）	
割合 （G/A）	児童生徒が情報メディア機器を利用できる自主学習スペースが整備されている （H）	割合 （H/A）
34.6%	1,157	6.1%
35.0%	474	5.2%
28.0%	689	20.0%
38.4%	89	10.3%
38.2%	87	10.2%
40.1%	98	11.0%
50.0%	15	12.5%
48.3%	16	13.3%
39.4%	13	39.4%
35.5%	12	38.7%
34.5%	2,650	7.7%

ータベース化ずみの蔵書の割合が75％から100％未満の学校は多いと思われるが、比較的新しい蔵書が利用や検索の対象になることが多いことを考慮すると実質的な害は少ないのかもしれない。しかし早めに遡及入力をおこなうことが望ましい。(2)なお、蔵書には学校関係の資料や教員向けなどOPACの対象としない資料もあり、廃棄時期が近づいた資料などは入力しないまま利用する場合がある。

　一方でデータを詳細に確認してみると、データベース化を100％完了している学校は小学校68.6％、中学校61.7％、高等学校48.5％にすぎず、50％未満の割合は小学校2.8％、中学校3.7％、高等学校4.5％もある。50％未満では新しく図書館に到着した蔵書のデータ化が中心になっているのだろうが、図書館システムによる貸出・返却や検索には不都合が生じる。前回に比べて改善が進んでいるとはいえ、データベース化に着手していないところを含めてこれから遡及入力を進めていくという学校は相当数にのぼる。様々な事情があるとは思うが、早急に進めてもらいたい。

情報メディア機器の整備状況

　表5は「令和2年度「学校図書館の現状に関する調査」結果について（概要）」から「学校図書館と情報メディア機器・ICT環境の整備状況」についてである。

　学校図書館とコンピュータ教室が一体化している、または館内に児童・生徒がインターネットによる情報の検索・収集に活用できる情報メディア機器を整備している割合は全体の23.2％しかない。小学校、中学校では低く、高等学校でようやく約50％である。インターネットの接続に関して、文部科学省の第2期教育振興基本計画（2013〜2017年度）で整備目標として「超高速インターネット接続率及び無線LAN整備率100％」としていた。今回の「学校図書館の現状に関する調査」で確認するかぎり、有線LANは全学校種平均で53.4％、無線LANは34.5％の整備率である。基本計画での数値は「学内の整備」であり、学校図書館で調査すると50％になることを考えると、その充実の遅れがみえてくる。

2　学校図書館システムの導入

具体的なメリット

　学校図書館に図書館システムを導入するとどのようなメリットが得られるのか。下記に挙げてみる。

・省力化をおこない司書教諭や学校司書の負担を軽減
・児童・生徒、教員が使いやすい検索システムの提供
・貸出・返却などのカウンター業務の効率化
・データ化されたスムーズな蔵書管理
・正確な統計・分析と見やすい帳票の提供
・蔵書点検を簡便に、正確に実施
・ネットワーク化による図書館連携

　これらのメリットを通して、入館率・貸出率の上昇、児童・生徒の読書の推進、使いやすい検索システムによる利用の向上、休み時間のカウンターの混雑解消、不明・紛失本の低減など多くの効果が期待できる。地域の図書館ネットワークに参加した場合は、相互検索・館間貸出の利用も可能になる。

図書館システムの導入のパターン

　学校図書館で利用される図書館システムには以下のパターンがある。
①小・中規模向け図書館システム
②シリーズ化された汎用図書館システムの学校図書館向け
③自治体提供のシステム
④学校教職員やPTA、ボランティアなどが作成したシステム
⑤ネット上で配布されている図書館システム
⑥有志によって開発され提供されているクラウドシステム

①は、小・中規模の図書館向けに企業が開発した図書館システムである。基本的な機能は、おおむね備えていると考えていい。中学校や高等学校のように蔵書冊数が多いところに向いている。

　②は、大規模な公共図書館や大学図書館から小規模な図書館までカバーするシリーズ商品の一部として提供されている。学校図書館に必要十分な機能を備えていて、故障や不具合が少ない安定したものが多い。近隣の図書館とネットワークを組む際にもトラブルが少なく、仮に同一シリーズ同士であれば、図書の物流管理など館種を超えて高機能なネットワークサービスの実現が可能である。

　③は自治体、または企業や大学などが開発したものを採用して、傘下の図書館に配布したものである。多数の公立小学校などで、最低限の機能ではあるが費用を抑えてシステムを導入することができる。

　④はプログラム言語によって、あるいはAccessのようなデータベースソフトウエアを使用してオリジナルの図書館システムを実現したものである。学校図書館にシステムが導入されはじめたころにいくつかの事例がみられた。開発されたシステムを⑤のフリー・シェアウエアとして配布することもある。

　⑤はいわゆるオープンソースの図書館システムであり、ネット上でフリーウエア・シェアウエアとして配布されている。必要十分な機能をもっていて、ある程度コンピュータに慣れていれば利用できる。現在は⑥のクラウド型の提供に移行しつつある。

　⑥はオープンソース型の一種であり、図書館関係者や学者、プログラム技術者その他の有志によって開発されている。海外で実績があるシステムを日本語化するプロジェクトもある。継続して運営するためには最低限サーバーの維持費を捻出する必要があるが、様々な方法がとられている。

　④⑤⑥の無料の図書館システムであっても貸出・返却、蔵書検索（OPAC）など最低限の機能は利用でき、機種によってはメーカー製に劣らない高機能なものがある。また、バーコードリーダーもUSB型であればパソコンに接続して簡単な設定をおこなえば利用できる。リーダーは安いものであればネット通販で数千円で購入できる。

　また、バーコードの印刷機能をもっているものも多く、市販のバーコード

用ラベルに印刷して利用者用バーコードや図書用バーコードを作成できる。

　このように導入にあたって費用の負担は少ないが、大変なのは目録データベースの入力やバーコードラベルの装備作業だろう。こちらに関しては小学校であれば教職員と図書ボランティア、中・高等学校であれば図書委員の生徒の力も期待できる。

導入のステップ

　導入のステップは第5章第4節「図書館システムの導入の実際」で述べた内容と大きくは異ならない。ただし、学校図書館では利用者区分や利用資格の区分が少ないため、コード表が比較的に単純なものになる。主たる利用者は児童・生徒であり、毎年4月に学年更新、入学・卒業による更新の作業が定期的に発生するので、更新作業が容易にできることが求められる。また、長期休みに合わせて貸出日数の変更や返却日を特定の日に固定することがある。例えば、通常の貸出期間が5冊14日間のところを、夏休み前に一時的に10冊を9月1日まで貸出できるように設定したい場合に、これを簡単に設定できることが望ましい。さらに読書通帳などの外部オプションへの対応ができると、必要な機能が十分にそろっているといえるだろう。

3　学校図書館とネットワーク

システム学内設置型

　図書館システムのサーバーを学校内に設置するタイプが基本である。学校内のLANに接続して、普通教室、特別教室、職員室など学内の複数の端末からOPACの利用が可能である。カウンターサービスはサーバー機、または端末からおこなう。インターネットの利用は学校と図書館の運用規定によるが、機器の能力としては可能で、比較的に安価に導入することができ、設定や運用の自由度も高い。ただし、セキュリティーも含めてネットワークと図書館システムの管理をおこなう人材が必ず必要になる。さらに古い形式だとサーバーを用いずに図書館内の端末（ノートパソコンの場合もあり）に図書

館システムをインストールしてスタンドアローンで利用することもあった。この場合、他校の学校図書館との連携はほぼ実施できない。

地域共有型

　教育センターや情報センターなど教育委員会傘下の地域のしかるべき施設にサーバーを設置し、地域内の学校図書館や公共図書館との連携をおこなう。地域でサーバーを共有し、データを一元管理するメリットは、他校との横断検索や相互貸借、また公共図書館との連携が可能になることである。特に相互貸借を実施した場合は、自校だけでは十分ではなかった図書館資料のさらなる充実を図ることができる。相互貸借は図書館資料の物理的な協力を伴うため、各館との協定を結ぶなどシステム以外の面での充実が必要になる。そのほかに、他校の司書教諭、学校司書、公共図書館の司書との情報共有や協力・連携が得られやすくなり、レファレンスデータベースの構築の道も開ける。

クラウド型

　最近、学校図書館では、高速で安定したネットワークを使えることを前提に、クラウド型の図書館システムが増えている。これらのシステムは、データセンターに設置されたサーバーにインストールして、インターネットブラウザを通じて操作する。メーカーの担当者によると、現在は「まずクラウドタイプから提案する」という。サーバーを導入し、維持するコストを節約できるだけでなく、ウイルス対策やシステムのセキュリティー、バックアップなどの管理作業も不要になる。そのため、システムの専門知識をもつ人材がほかの仕事に集中できるようになり、柔軟な運用が可能になる。ほかの館種の図書館システムと同様にカスタマイズにはある程度の制限があるが、蔵書量が少なく、利用者の設定が単純な学校図書館では影響はほとんどないと考えられる。

　ネットワークがダウンすると図書館システムのほとんどの機能が利用できなくなるが、スタンドアローンで最低限の貸出・返却だけはできる。また、ブラウザやほかのソフトウエアと相性問題を起こすことがあり、メーカーか

ら利用するブラウザを指定されるなど、完全に安定しきれているとはいまだいえないが、費用と扱いやすさの面で今後主流になっていくと思われる。

注

(1) 文部科学省総合教育政策局地域学習推進課「令和2年度「学校図書館の現状に関する調査」の結果について（概要）」2021年7月29日（https://www.mext.go.jp/a_menu/shotou/dokusho/link/1410430_00001.htm）[2024年6月20日アクセス]
(2) 図書館での遡及入力とは、コンピュータ導入前のアナログで記録されているデータをデータベースなどにあとから登録する作業をいう。

著作権関係団体について

取り扱う著作物の種類など	団体名	連絡先
著作権全般	公益社団法人著作権情報センター（CRIC）	〒164-0012 東京都中野区本町1-32-2 ハーモニータワー22階 TEL 03-5309-2421／FAX 03-5354-6435 03-5333-0393（著作権テレホンガイド） https://www.cric.or.jp
文芸	公益社団法人日本文藝家協会	〒102-8559 東京都千代田区紀尾井町3-23 文藝春秋ビル新館5階 TEL 03-3265-9658（管理部：著作権関連全般）／FAX 03-5213-5672 月〜金 10:00〜17:00 https://www.bungeika.or.jp
脚本	協同組合日本脚本家連盟	〒102-0082 東京都千代田区一番町21 一番町東急ビル2階　著作権部 TEL03-6256-9961／FAX 03-6256-9962 月〜金 9:30〜17:30 https://www.writersguild.or.jp
脚本	協同組合日本シナリオ作家協会	〒103-0013 東京都中央区日本橋人形町2-34-5 シナリオ会館2階 TEL 03-6810-9550／FAX 03-6810-9551 月〜金 10:00〜18:00 http://www.j-writersguild.org
美術	一般社団法人日本美術家連盟（JAA）	〒104-0061 東京都中央区銀座3-10-19 美術家会館5階　著作権係 TEL 03-3542-2581／FAX 03-3545-8429 月〜金 9:30〜17:30 http://www.jaa-iaa.or.jp/index.html
美術	一般社団法人日本美術著作権連合（JACA）	〒103-0013 東京都中央区日本橋人形町2-8-11 友高ビル3階 TEL 03-6826-2208／FAX 03-5962-3409 https://www.jart.tokyo
写真	一般社団法人日本写真著作権協会（JPCA）	〒102-0082 東京都千代田区一番町25 JCIIビル403 TEL 03-3221-6655／FAX 03-6380-8233 https://jpca.gr.jp
漫画	公益社団法人日本漫画家協会（JCA）	〒160-0001 東京都新宿区片町3-1 YANASE 兎ビル TEL 03-5368-3783／FAX 03-3341-0662 https://nihonmangakakyokai.or.jp

取り扱う著作物の種類など	団体名	連絡先
音楽	一般社団法人日本音楽著作権協会（JASRAC）	〒151-8540 東京都渋谷区上原3-6-12 TEL 03-3481-2121／FAX 03-3481-2150 月～金 9:00～17:00 https://www.jasrac.or.jp
音楽	株式会社NexTone（音楽著作権管理サービス）	〒150-6010 東京都渋谷区恵比寿4-20-3 恵比寿ガーデンプレイスタワー10階 TEL 03-5475-5020 https://www.nex-tone.co.jp
映像	一般社団法人日本映像ソフト協会（JVA）	〒104-0061 東京都中央区銀座5-13-3 いちかわビルディング7階 TEL 03-3542-4433／FAX 03-3542-2535 月～金 10:00～17:00 https://www.jva-net.or.jp
コンピュータソフトウエア	一般社団法人コンピュータソフトウェア著作権協会（ACCS）	〒112-0012 東京都文京区大塚5-40-18 友成フォーサイトビル5階 TEL 03-5976-5175／FAX 03-5976-5177 TEL 03-5976-5178（著作権ホットライン） 月～金 9:30～17:30 https://www2.accsjp.or.jp
コンピュータソフトウエア	一般財団法人ソフトウェア情報センター（SOFTIC）	〒105-0003 東京都港区西新橋3-16-11 愛宕イーストビル14階 TEL 03-3437-3071／FAX 03-3437-3398 月～金 9:00～17:00 https://www.softic.or.jp
実演	公益社団法人日本芸能実演家団体協議会（芸団協） 実演家著作隣接権センター（CPRA）	〒163-1466 東京都新宿区西新宿3-20-2 東京オペラシティタワー11階 TEL 03-5353-6600／FAX 03-5353-6614 https://www.cpra.jp
実演	一般社団法人映像コンテンツ権利処理機構（aRma）	〒107-0061 東京都港区北青山2-11-10 青山野末ビル301 TEL 03-5775-4870／FAX 03-5775-4872 月～金 10:00～18:00 https://www.arma.or.jp
レコード	一般社団法人日本レコード協会（RIAJ）	〒105-0001 東京都港区虎ノ門2-2-5 共同通信会館9階 TEL 03-5575-1301／FAX 03-5575-1313 月～金 9:30～18:00 https://www.riaj.or.jp

取り扱う著作物の種類など	団体名	連絡先
放送	日本放送協会(NHK)	〒150-8001 東京都渋谷区神南2-2-1 TEL 0570-066-066（NHKふれあいセンター）／FAX 03-5453-4000 9:00〜20:00（土日祝日も受付） https://www.nhk.or.jp
放送	一般社団法人日本民間放送連盟（JBA）	〒102-8577 東京都千代田区紀尾井町3-23 TEL 03-5213-7707（番組・著作権部）／FAX 03-5213-7715 月〜金 9:30〜17:30 https://j-ba.or.jp
有線放送	一般社団法人日本ケーブルテレビ連盟（JCTA）	〒104-0031 東京都中央区京橋1-12-5 京橋YSビル4階 TEL03-3566-8200／FAX03-3566-8201 https://www.catv-jcta.jp
出版	一般社団法人日本書籍出版協会（JBPA）	〒101-0051 東京都千代田区神田神保町1-32 出版クラブビル5階 TEL 03-6273-7061／FAX 03-6811-0959 https://www.jbpa.or.jp
企業・団体などの複製利用	公益社団法人日本複製権センター（JRRC）	〒105-0002 東京都港区愛宕1-3-4 愛宕東洋ビル7階 TEL 03-6809-1281／FAX 03-6809-1283 月〜金 10:00〜17:00 https://jrrc.or.jp
私的録音録画	一般社団法人私的録音録画補償金管理協会（sarah）	〒105-0021 東京都港区東新橋2-2-10 村松・共栄火災ビル5階 TEL 03-6453-0066／FAX 03-6453-0067 9:30〜17:30（火、木、土、日休業） http://www.sarah.or.jp
教育機関における公衆送信	一般社団法人授業目的公衆送信補償金等管理協会(SARTRAS)	〒100-0014 東京都千代田区永田町1-11-30 サウスヒル永田町5階 TEL 03-6381-5026 平日9:30〜12:00、13:00〜17:30 https://sartras.or.jp
図書館資料の公衆送信	一般社団法人図書館等公衆送信補償金管理協会（SARLIB：サーリブ）	〒101-0051 東京都千代田区神田神保町1-32 https://www.sarlib.or.jp

（出典：文化庁「著作権に関するお問い合わせ先」〔https://www.bunka.go.jp/seisaku/chosakuken/93726502.html〕〔2024年7月10日アクセス〕をもとに筆者作成）

参考文献一覧

書籍

日本図書館情報学会編『図書館情報学事典』丸善出版、2023年

日本図書館情報学会用語辞典編集委員会編『図書館情報学用語辞典 第5版』丸善出版、2020年

秀和システム第一出版編集部編著『最新基本パソコン用語事典 第4版』秀和システム、2017年

デビッド・ボーデン／リン・ロビンソン『図書館情報学概論』田村俊作監訳、塩崎亮訳、勁草書房、2019年

河島茂生編著『図書館情報技術論——図書館を駆動する情報装置』(講座図書館情報学)、ミネルヴァ書房、2013年

大串夏身／金沢みどり監修、日高昇治『図書館情報技術論』(ライブラリー図書館情報学)、学文社、2013年

SE編集部編著『僕らのパソコン30年史——ニッポンパソコンクロニクル』翔泳社、2010年

東京理科大学出版センター編、竹内伸『実物でたどるコンピュータの歴史——石ころからリンゴへ』(「東京理科大学坊っちゃん科学シリーズ」第2巻)、東京書籍、2012年

情報処理学会歴史特別委員会編『日本のコンピュータ史』オーム社、2010年

奥村晴彦／佐藤義弘／中野由章監修『キーワードで学ぶ最新情報トピックス2023』日経BP社、2023年

読売新聞大阪本社社会部『情報パンデミック——あなたを惑わすものの正体』中央公論新社、2022年

岡田一祐『ネット文化資源の読み方・作り方——図書館・自治体・研究者必携ガイド』文学通信、2019年

高野一枝『システムエンジニアは司書のパートナー——しゃっぴいSEの図書館つれづれ』郵研社、2018年

一般社団法人情報科学技術協会監修、原田智子編著、榎本聡／小河邦雄／清水美都子／丹一信／豊田恭子『プロの検索テクニック 第3版——検索技術者検定準2級・2級公式推奨参考書』樹村房、2024年

小曽川真貴『調べ物に役立つ図書館のデータベース』(ライブラリーぶっくす)、勉誠社、2022年

志保田務／高鷲忠美編著、志保田務／前川和子／家禰淳一改訂『情報資源組織

法 第3版』第一法規、2021年
岐阜女子大学デジタルアーカイブ研究所編『新版 デジタルアーキビスト入門——デジタルアーカイブの基礎』樹村房、2019年
高山正也監修、壺阪龍哉／齋藤柳子／清水惠枝／渡邉佳子『文書と記録——日本のレコード・マネジメントとアーカイブズへの道』樹村房、2018年
柳与志夫責任編集『入門 デジタルアーカイブ——まなぶ・つくる・つかう』勉誠出版、2017年
野口武悟／植村八潮編著『改訂 図書館のアクセシビリティ——「合理的配慮」の提供へ向けて』樹村房、2021年
藤澤和子編著『公共図書館でできる知的障害者への合理的配慮』樹村房、2019年
松原聡編著『電子書籍アクセシビリティの研究——視覚障害者等への対応からユニバーサルデザインへ』東洋大学出版会、2017年
北村行夫／雪丸真吾編『Q&A 引用・転載の実務と著作権法 第5版』中央経済社、2021年
福井健策監修、鷹野凌『クリエイターが知っておくべき権利や法律を教わってきました。——著作権のことをきちんと知りたい人のための本』インプレス、2015年
独立行政法人情報処理推進機構（IPA）『情報セキュリティ読本——IT時代の危機管理入門 六訂版』実教出版、2022年
富士通エフ・オー・エム『情報モラル＆情報セキュリティ——38の事例でわかりやすく解説！改訂2版』FOM出版、2018年
阿濱茂樹『図書館と情報モラル』青弓社、2013年
富士通東北システムズ：葵教育システム監修「学校図書館の力——学校図書館情報化の手引き 第2版」富士通、2010年（非売品）
金沢みどり『学校教育における図書館と情報教育』青山社、2008年
文部科学省『新しい時代に対応した学校図書館の施設・環境づくり——知と心のメディアセンターとして』ボイックス、2001年

PDF

経済産業省「新産業構造部会 Society 5.0・Connected Industries を支える「ルールの高度化」」産業構造審議会新産業構造部会事務局、2017年4月5日（https://www.meti.go.jp/shingikai/sankoshin/shinsangyo_kozo/pdf/015_05_00.pdf）［2024年7月6日アクセス］

電子情報技術産業協会（JEITA）「Society 5.0——テクノロジーが拓く私たちの未来」企画管理部広報室、2018年（https://www.jeita.or.jp/cgi-bin/public/detail.cgi?id=722&cateid=1）［2024年6月29日アクセス］

総務省「令和5年通信利用動向調査の結果」令和6年6月12日訂正版（https://www.soumu.go.jp/johotsusintokei/statistics/data/240607_1.pdf）［2024年7月6日アクセス］

全国学校図書館協議会「全国学校図書館協議会ホームページ評価基準」2005年4月1日（http://www.j-sla.or.jp/pdfs/material/hyoka.pdf）［2024年7月6日アクセス］

総務省「障がいのある方々のインターネット等の利用に関する調査研究［結果概要］」総務省情報通信政策研究所調査研究部、2012年6月（https://www.soumu.go.jp/iicp/chousakenkyu/data/research/survey/telecom/2012/disabilities2012.pdf）［2024年7月6日アクセス］

総務省「デジタルアーカイブの構築・連携のためのガイドライン」2012年3月26日（http://www.soumu.go.jp/main_content/000153595.pdf）［2024年7月6日アクセス］

日本図書館協会「図書館間協力における現物貸借で借り受けた図書の複製に関するガイドライン」日本図書館協会／国公私立大学図書館協力委員会／全国公共図書館協議会、2006年1月1日（https://www.jla.or.jp/portals/0/html/fukusya/taisyaku.pdf）［2024年7月6日アクセス］

文部科学省「次期学習指導要領で求められる資質・能力等とICTの活用について」効果的なICT活用検討チーム、2017年3月13日（https://www.mext.go.jp/b_menu/shingi/chousa/shougai/037/shiryo/__icsFiles/afieldfile/2017/04/18/1384303_02.pdf）［2024年6月30日アクセス］

総務省「不正アクセス行為の発生状況及びアクセス制御機能に関する技術の研究開発の状況」国家公安委員会／総務省／経済産業省、2024年3月14日（https://www.npa.go.jp/news/release/2024/20240314.pdf）［2024年7月1日アクセス］

文部科学省「令和2年度「学校図書館の現状に関する調査」結果について（概要）」文部科学省総合教育政策局地域学習推進課、2022年1月24日修正（https://www.mext.go.jp/content/20220124-mxt_chisui01-000016869-1.pdf）［2024年6月20日アクセス］

ウェブ

日本ファイリング「製品情報―図書館」(https://www.nipponfiling.co.jp/products/library/)［2024年6月26日アクセス］

内田洋行「公共分野―教育・学校分野」(https://www.uchida.co.jp/education/)［2024年6月26日アクセス］

オープンアクセスリポジトリ推進協会「オープンアクセスリポジトリ推進協会設立趣意書」機関リポジトリ新協議会（仮称）設立準備会、2016年8月5日(https://jpcoar.repo.nii.ac.jp/records/8)［2024年6月26日アクセス］

「完全無人図書館、秦野市で全国初の実証実験スタート」2015年2月3日「神奈川新聞カナロコ」(hppts://www.kanaloco.jp/news/social/entry-55999.html)［2024年9月16日アクセス］

［著者略歴］
田中 均（たなか ひとし）
1961年生まれ
昭和女子大学人間文化学部准教授
専攻は図書館情報学、図書館サービス論、インターネット情報論
著書に『図書館を変える広報力──Webサイトを活用した情報発信実践マニュアル』、共著に『インターネット時代のレファレンス──実践・サービスの基本から展開まで』（ともに日外アソシエーツ）など

図書館情報技術論・改訂版

発行─────2024年11月1日　第1刷
定価─────2000円＋税
著者─────田中 均
発行者────矢野未知生
発行所────株式会社青弓社
　　　　　　〒162-0801 東京都新宿区山吹町337
　　　　　　電話 03-3268-0381（代）
　　　　　　https://www.seikyusha.co.jp
印刷所────三松堂
製本所────三松堂
©Hitoshi Tanaka, 2024
ISBN978-4-7872-0087-7　C0000

吉井 潤
事例で学ぶ図書館情報資源概論

図書館はどのような方針で自館に仕入れる資料を選別し収集し、図書館員は選書のための書籍や著者の情報をどのようにして得ているのか。現場への取材に基づいた事例紹介と図版・資料から解説する。　　定価2000円＋税

吉井 潤
事例で学ぶ図書館制度・経営論

図書館法をはじめとする図書館関連法規や政策と、業務委託、指定管理者制度、PFIなど多様化する図書館経営のあり方を、全国の図書館から収集した多様な事例を軸にして基礎から平明にレクチャーする。　　定価2000円＋税

吉井 潤
事例で学ぶ図書館サービス概論

資料・情報の提供、地域や他組織との連携・協力、接遇と広報など各種の図書館サービスを、公立図書館、専門図書館、直営や指定管理者制度導入館など、館種と運営法を超えた多数の事例をあげて説明する。　　定価2000円＋税

永田治樹
公共図書館を育てる

国内外の事例を紹介して公共図書館の制度と経営のあり方を問い直し、AIを使った所蔵資料の管理や利用者誘導、オープンライブラリーの取り組みなど、デジタル時代の図書館を構築するヒントを示す実践ガイド。　　定価2600円＋税

小川三和子
学校図書館サービス論

読書センター・学習センター・情報センターとしての学校図書館の機能を生かしながら、児童・生徒や教員の情報ニーズに対応し、読書の指導や授業を支援する情報サービスをどう提供すればいいのかをガイドする。　　定価1800円＋税